都議会、地方議会
伏魔殿を斬る！

栗原直樹

まえがき

「議会ムラ」の腐敗

〈彼らに石原元都知事を批判する資格があるのか?〉

都議会議員たちのコメントを聞いて、そう思わずにはいられなかった。

平成二十九年三月三日、石原慎太郎元都知事が豊洲移転問題に関し記者会見を開催した。準備不足の感は否めず、「(豊洲の問題は)都庁全体の責任。議会も含めてみんなで決めたこと」との発言もあったため、都議会からは批判の声が相次いだ。以下は『プライムニュース』(BSフジ)における都議連のコメントである。

「一言でいえば呆れた。責任を他人に擦り付けている」(東京改革議員団(旧民進党)・酒井《さかい》大史《だいし》)

「責任転嫁だ。自分の責任を小さく見せようとしている」(日本共産党・曽根《そね》肇《はじめ》)

メディアも総じて同様の論調で、〝石原叩き〟が過熱している。

だが、少し待ってほしい。他人事のように石原批判を繰り返している都議会も、豊洲移転を推進してきたのである。

実際、移転予算は、都知事の一存では決められない。「議会も含めてみんなで決めたこと」という石原発言の通り、都議会において可決されたものなのだ。

しかも都議連は、普段、何かにつけて「地方自治体は首長と議会の二元代表制」と強調している。知事と議会は「同格」だというのだ。だとしたら、移転問題の混迷も、半分は都議会の責任ではないのか。

つまり、全ての責任を元都知事に擦り付けようとする都議連の方こそが、呆れた責任転嫁をしているのである。

三月二十日には、都議会百条委員会において、石原の証人喚問が行われた。これも筆者に言わせれば、責任転嫁の儀式である。というのも、本稿執筆時点では、百条委の証人に、都議が一人として呼ばれていないからだ。

正当な理由無しでの証言拒否や、虚偽答弁をすると罰せられる百条委。その設置・委員は本会議で決定する。しかし、証人の人選に関しては、委員が、すなわち都議たちが、「話し合い」で決めるのだ。

そして三月下旬現在、証人喚問のリストに都議の名前は無い。議会も移転を進めていたのに、しかも「都議会のドン」・内田茂《うちだしげる》の如く、移転工事受注業者の役員を務めていた都議もいるのに、だ。これでは「都議連の、都議連による、都知事サイドや役人に責任を擦り付けるための茶番劇」と断じざるを得ないのである。

だから今後の推移を見ていくにあたっては、質疑の中身もさることながら、「都議を百条委に呼ぶか否か」を主眼に置くことが重要だ。このまま都議が呼ばれず事が終われば、百条委の設置からして迫る都議選に向けてのパフォーマンスだったと判断してよいだろう。

「地方自治は民主主義の学校である」――イギリスの政治学者・ブライスが残した〝格言〟だ。高校の授業で習うため、誰しも一度は耳にしたことがあるだろう。その心は「住民が身近な地域の政治に参加することで、民主政治を運用する能力が身につくから」(『理解しやすい政治・経済』)ということだそうだ。

しかし、このところ――。

「民主主義の学校」の担い手である、地方議員の劣化が叫ばれている。

号泣県議、覚醒剤町議、セクハラヤジ、全国各地で次々と発生する政務活動費の不正受給……なるほど地方議員のスキャンダルが目に余る。さながら〝学級崩壊〟のようだ。

「視察」と称してぞろぞろ大名旅行に行き、揃いの「報告書」を出すのも茶飯事だ。旅費はもちろん税金である。

しかも不祥事を起こしても、すんなり非を認めぬセンセイが多い。で、次のような言い訳をする。

「記憶にない」

「覚えていない」

「自分じゃない」

「誤解を招かぬよう気をつける」

……往生際の悪さに呆れるばかりだ。これでは「劣化した」と断じられてもやむを得ないだろう。

だが――「地方議員が劣化した」というのは事実と異なる。間違っている。

いや、誤解しないでほしい。地方議員に問題が無いというのではない。

「おかしな連中はごく一部で、大多数の議員は真面目にやっている」などと建前論を振りかざす気もない。

では、どこが間違いだというのか。これだけ不祥事を頻発している地方議員を、「劣化」といって何が誤りなのか――。

なぜなら、地方議員は、「劣化した」のではなく、大昔から問題ばかり起こしてきたからである。

国民的月刊誌である『中央公論』は、すでに大正三年六月号で、東京市政（東京「都」になったのは昭和十八年）を「伏魔殿《ふくまでん》」と評し、その腐敗ぶりを嘆いている。

「東京市政刷新の声は今までも耳に蛸《たこ》の出来るほど聞かぬでもないが（中略）東京市政の腐敗は一朝一夕のことでなく、嘗《かつ》て沼間守一《ぬまもりかず》の府会議長時代に胚胎《はいたい》し、其後《そのご》星亨《ほしとおる》が政界の大魔王として魔手を市に延すに及び其極《そのきょく》に達した。（中略）今日東京市の、伏魔殿と称せられ」（同号掲載の鷺城學人「東京市政を支配する人々」より抜粋。原文の漢字は旧字体）

昨今「都議会は伏魔殿」といわれている。が、首都政治は、何と百年以上前の大正初期より「伏魔殿」と呼ばれていたのである。

同じく国民的月刊誌である『文芸春秋』も、昭和十年六月号で、地方議員の悪質さを指摘している。

「市会議員の悪質なるは、今更始まつた話ではない、われ等の物心ついた頃、既に悪市会議員があつて、（中略）爾来《じらい》何十年、人は代われど悪党に変わりなく、名誉ある伝統を、連綿として持ち続けたのであつた」（同号掲載の鱶野呑九郎「市会議員表裏論」より抜粋。原文の漢字は旧字体）

つまり、「地方議員劣化論」の誤りは――「劣化した」というのが事実誤認なのである。近頃にわかに〝学級崩壊〟したのではなく、元々荒れた〝校風〟だったのだ。

筆者が国会議員の秘書時代に接した中でも、問題ある地方議員は多かった。タカリ、寝坊、ルール無視、税金の私物化……自治体の予算を知らない御仁もいれば、買春を得意げに自慢する豪傑もいた。

また、地方議会も国会同様〝派閥〟があり、会派内で不毛な内紛を繰り返す。表面上は「仲間同士」を装っているものの、陰では足を引っ張り合い、「盟友」の評判を落とそうとする。

「政治家」の醍醐味なのか知らないが、スパイやダブルスパイを嬉々として演じる――みんなにばれているのだが――「策士」もいる。そのくせ有権者の前では「昔気質の堅物」「純真無垢な好青年」を取り繕う。

「保守派」「市民派」といった立ち位置はあまり関係ない。「地方議員」なる肩書は、党派を超えて人を腐敗させてしまうかのようだった。事実、地方議会史を振り返ると、各党こぞって不祥事を起こしていることがよくわかるのだ。

「地方分権が進んでしまうと、ロクなことにはならないのではないか」

小賢《こざか》しさ競争に狂奔するセンセイ方を見るにつけ、筆者は背筋が寒くなったものである。

しかも地方議員のセンセイ方は、信じ難いほど待遇がよい。

「こんなに楽で稼げる仕事がこの世の中にあったとは……！」

と、思わずめまいを覚えるほどだ。

例えば東京都議会議員は、年間一千七百万円を超す報酬がある。これに七百二十万円もの政務活動費が上乗せされ、さらに議会出席日には一万～一万二千円もの費用弁償（交通費）

が付く。歩いて行っても自転車で行っても一万円以上だ。そんなこんなで年間約二千五百万円もの税金をせしめているのである。

民間の年間平均給与額が四百二十万円（平成二十七年分・国税庁発表）程度だというのに、交通費まで日に一万円とは——開いた口がふさがらない。役人の厚遇ばかり喧伝されるが、地方議員の高額報酬こそ無駄遣いの筆頭として俎上《そじょう》に載せられるべきである。

こう書くと、こんな反論もあるかもしれない。

「議員先生は忙しいのだし、収入に見合う仕事をしていれば、高額報酬でもかまわないのではないか」

一見、もっともらしい理屈である。議員は忙しそうに見える。多忙な職は一般的に高給だ。住民を代表して難しい決断を下す仕事だし、多少の厚遇に目くじらを立てる必要はないのでは、という意見だ。

が、地方議員は忙しくない。忙しいのは議席維持の票集め運動であって、「本職」の議会は暇である。それも非常に暇である。

例えば都議会の開催日数は、実質、年に約三十〜四十日。たったの三十〜四十日程度なのだ。しかも、開催時間は、たいてい一日数時間。採決だけして閉会という日すらある。それでいて、二千五百万円もの税金を懐に入れているのである。

「重要なのは仕事の中身であって、勤務時間ではない——」

こんな異論もあるかもしれない。が、それも違う。全く違う。

地方議員の議会における姿とは、睡魔と戦い無為に議席に腰かけて、採決の際に尻を浮かすか否か決めるだけなのだ。その「決断」にしてからが、会派で決まった方針に、盲目的に従っているだけである。視察にしても、遊び呆けた挙句、「カンニング報告書」でお茶を濁すのは既述の通りだ。それしきの「仕事」なるもので、法外なカネを手にしているのである。「地方議員は気楽な稼業ときたもんだ」――『週刊ポスト』(平成二十六年八月一日号)の見出しだが、まさに言い得て妙である。一般国民が満員電車で通勤し、社内の煩瑣《はんさ》な人間関係に耐え、長時間働いても薄給なのに――地方議員の皆様ときたら、左うちわの「甘い生活」を送っているのだ。それも税金で。とんでもない話ではないか。

こうした地方議員の厚遇は、これまであまり知られずにいた。だが近年、一部メディアやジャーナリストらの奮闘で、徐々に世間の目が向きつつある。天網恢恢疎《てんもうかいかいそ》にして漏らさず、ということだ。

政界でも変化の兆しが見え始め、新都知事の小池百合子は就任早々、自身の給与を半減させた。これで知事給与は一千四百五十万円弱となり、都議報酬を大幅に下回ることになった。自ら禄《ろく》を減らすことで、都議の不当な厚遇を炙り出す――肉を切らせて骨を断つ、小池流のやり方である。

築地移転、五輪……小池の前には幾多の課題が山積している。いずれも出口は見えていないし、その手法に批判もある。が、都議報酬の削減へ向け、仮にも布石を打ったことは、評価に値するであろう。注目度の低さをいいことに、好き放題やってきた都議連が、匕首《あいくち》を突き付けられてどう出るか――見ものである。

無論――とってつけたようなフォローと見られたら困るが――、まともな地方議員も居るには居る。地道に地域事情を把握して、問題点を抉り出す議員も存在する。事実、地方議員の尽力で、外国勢力の暗躍や、役人の無駄遣いが晒された事例もある。

しかし、約三万人を数える地方議員の中で、そうした良識派はごく一部だ。悪貨が良貨を駆逐して、後者は孤軍奮闘を強いられる。それが「議会ムラ」の現実だ。そして、つまらぬ「陰謀」に精を出す、有象無象の税金泥棒が跋扈《ばっこ》する――と断定しても、実態を知る向きからは、異論の一つもないはずだ。読者諸賢も、本書を読了した日には、愚見に同調して頂けるものと確信している。

都議会、地方議会
伏魔殿を斬る！

目次

第一章　小池都知事のアキレス腱

第二章／これが地方議員の正体だ

第三章／そのハイエナの歴史

第四章／都庁「伏魔殿」

ブックデザイン　塚田男女雄（ツカダデザイン）

第一章／小池都知事のアキレス腱

ドン内田と小池百合子のバトル

平成二十九年二月四日、午後七時四十分。

千代田区にある商業施設、飯田橋サクラテラスの前は、多くの人々で賑わっていた。

目測で五百人以上であろうか、仕事帰りのサラリーマン、買い物帰りの主婦とおぼしき女性……老若男女が集まっていた。

彼ら彼女らの視線の先には、緑の看板が付いたガラス張りの大きな車がある。

いや、正確に言うと――。

群衆の目は、車の上でマイクを握る、一人の女性に注がれていた。

看板より薄い色ではあるけれど、同じグリーンのジャケットを着た一婦人。

東京都知事・小池百合子である。

そして横には、千代田区長を四期務める石川雅己《いしかわまさみ》だ。

その日は翌日に迫った千代田区長選の最終日。立候補者は小池が推す現職区長・石川と、小池と対立関係にある都議会のドン・内田茂が推す自民党推薦の新人・与謝野信《よさのまこと》、無所属新人の五十嵐朝青《いがらしあさお》の三名だ。事実上は石川と与謝野の戦いで、「小池と内田の代理戦争」と称されていた。

しかも、この選挙の五か月後、東京都議選が待ち受けている。

内田はすでに七十七歳(選挙時。今年三月で七十八歳)。区長選の結果を見て進退を明らかにすると伝えられ、千代田決戦は一地方選にとどまらない戦いとなったのだ。

前記・飯田橋サクラテラスでは、石川陣営の打ち上げ演説が行われていたのである。

演説会は小池の出番を遡ること二十五分前、午後七時十五分から始まっていた。

司会がとつとつと話し出し、聴衆が耳を傾ける。

少し歩くと、やはりグリーンのジャンパーを着たスタッフが、

「お願いします!」

と、これも緑のビラを差し出してくる。三つ折りにされた紙の表紙には、「石川まさみ」の文字の隣に本人ではなく女性都知事が微笑んでいた。小池のイメージカラーである「百合子グリーン」、写真……女傑の人気をフルに使った戦略だ。スタッフの渡し方も丁寧で、サボっている者もいない。

かつて国会議員の秘書だった筆者は、参院選の街頭演説を手伝った際、演説する候補者をよそに日陰（禁煙エリア）で一服している秘書の群れを見たことがあるが、石川選対にはそういう心配は無さそうだった。

黒山の人だかりの中に、衆議院議員・若狭勝が立っていた。

昨夏の都知事選において、所属する自民党東京都連の方針に逆らい小池を応援。その後、初の女性都知事の後釜として、東京十区の衆院補欠選挙で当選した元特捜検事だ。この千代田区長選も、都連は与謝野を推薦しているため、石川を支援することは二度目の「造反」ということになる。

長身の法律家に近づいて、声をかけた。

「大丈夫なんですか」

若狭は苦笑いしていたが、直後の応援演説では

「名前のせいか若く見られるが六十歳」

などとジョーク交じりの熱弁を振るい、吹っ切れたところを見せた。

格別上手いわけではないが聴き取りやすい若狭に比べ、石川の弁舌はやや訥弁《とつべん》だった。手堅い手腕で鳴らす行政のプロだが、やはり役人上がりである。大向こうを唸らせるタイプではない。往時の大平正芳首相のように、活字にしたらしっかりした話をしているのだろうが、その場の受けという点では今一つの感じがした。

そんな口下手の候補者に代わって、よどみない演説をぶったのが小池百合子だ。

キャスター出身だけあって、声が通り抑揚も良い。

「昨日は寒かったですけれども、今日はちょっとマシかもしれません。でも、この千代田区長選、ますます熱くなってきている、そう感じます」

女性都知事が語りかけると、聴衆は拍手で応える。写真を撮ろうと携帯電話を覗き込む人もいる。
五、六分で演説を締めくくった小池は、宣伝カーを降りて石川と共に周囲を歩いた。握手をしようと人波も動く。黄色い声も飛ぶ。
〈世評通り、倍以上の差をつけて大勝だな〉

未だ衰えぬ小池人気を体感し、筆者は石川の圧勝を確信した。


翌二月五日午後八時。

「小池と内田の代理戦争」といわれた千代田区長選挙の投票箱が閉じられた。

大方の予想通り、投票が終わると同時に石川の当確が出た。都知事選に続き、ドンは再び小池に負けたのだ。

が、その負け方が、おそらく想定の範囲を超えていた。

開票が進んでいくにつれ、現職区長の票がドンドン積み上げられていく。一方、与謝野の票の動きは鈍い。三位の五十嵐に追いつかれてしまいそうなスローペースである。

〈こりゃ、倍以上どころじゃなさそうだ〉

結局、石川は一万六千三百七十一票を獲得し、四千七百五十八票に終わった与謝野に三倍以上の差をつけ五度目の当選。五十嵐も三千九百七十六票と、与謝野に約八百票差と健闘した。

投票率は前回を一一％上回り、五三・六七％。総得票数は約八千票増えた。石川票も前回に比べ約八千票増加したから、強引に言えば、増加分の票は全て現職区長へ流れたと見ることすらできる。

また、各種出口調査によると、自民支持層の約六割が石川に投票。与謝野に投じられた自民票は三割未満にとどまった。公明支持者に至っては、約九割が五期目を目指した現職区長の名を書いた。民進、共産支持層も約七割、無党派層も七割近くが石川に投票し、「代理戦争」は小池の完勝・内田の完敗に終わったのである。

地元区長選での敗北を受け——平成二十九年二月二十五日、内田は次期都議選に出馬しない旨を表明した。

とはいえ、

「政界は引退しない。自分のできる政治活動は、自民党のためにしていく」

「（小池と）安易な妥協はしない」

「（小池は）二元代表制の世界に飛び込んできたのだから、そのことをわきまえて知事もやってもらいたい」

と語るなど、まだまだ都政へ未練たっぷりの様子だ。院政を敷き、小池に雪辱を期すのだろうか。敗者なれど実力者ではあるだけに、その動向は今後も注目の的である。

小池の推した現職・石川雅己が他を寄せ付けぬ強さを見せ、ドンに引導を渡した千代田区長選——。

しかし、すでに昨年七月末の時点で、その結果は出ていたといえる。

昨年七月末、すなわち平成二十八年七月三十一日といえば——そう、東京都知事選の投票日だ。ここで、昨夏の首都決戦を振り返ってみよう。

昨年六月、公私混同疑惑で醜態を晒した前都知事・舛添要一が辞任を表明。出直し選挙の候補者として、様々な名前が取り沙汰された。

民進党参議院議員・蓮舫、元宮崎県知事・東国原英夫、前大阪市長・橋下徹……新たな「首都の顔」候補として、何人もの有名人の名が挙がった。対応が注目された自民党は、芸能人を息子に持つ総務省事務次官・桜井俊《さくらいしゅん》に着目。六月二十九日、最大政党は固辞していた大物官僚に出馬要請する運びとなった。

ところが当日、異変が起きる。自民党が桜井へ出馬要請する直前、同党の小池百合子が「崖から飛び降りる覚悟」で都知事選への立候補を表明したのである。

都知事選は出馬宣言を遅らせる〝後出しジャンケン〟が有利といわれる。平成七年の青島幸男、平成十一年の石原慎太郎、平成二十四年の猪瀬直樹……みな最後に手を挙げて勝利した。が、小池は逆張りし、〝先出しジャンケン〟を敢行したのである。

小池が崖から飛び降りた後、桜井はあらためて出馬要請を蹴った。だが、自民党がクールビズを推進した元環境大臣を立てることはなかった。都連幹事長・内田茂を筆頭に、党内に「小池嫌い」があふれていたからだ。

どうしても小池を推したくない自民党は、元岩手県知事・増田寛也《ますだひろや》に出馬を打診。東京二十三区の区長が構成する区長会も、増田に立候補を要請した。これには小池の地元選挙区の区長から反発もあったが、十三町村の町村会も区長会に同調し、元岩手県知事は都内の大多数の首長の支持を得ることになった。

渦中の増田はヤル気満々に見えたが、なかなか意思を表明せず、〝先出しジャンケン〟を挙行した小池に比べ優柔不断な印象を与えた。「もう少し時間を」とはぐらかす一方、自身を念頭に「都知事は知名度より実務」などとテレビで語る元東北の知事を見て、日に日に票を減らしていると感じたのは筆者だけではないだろう。

増田は七月十一日になってようやく自民党に推薦を依頼し、了承された。が、翌十二日、自民党都連が失態を演じる。「各級議員（親族等を含む）が非推薦の候補を応援した場合は除名等の処分となる」との文書を党員に配布し、各方面から顰蹙《ひんしゅく》を買ったのだ。分裂選挙となった自民党だが、タマの悪さと都連の一部の暴走で、告示前から苦戦が予想されていた。

他方、野党サイドも迷走を重ね、俳優の石田純一や元官僚・古賀茂明らの名が入り乱れた挙句、ジャーナリストの鳥越俊太郎を統一候補として擁立。すでに立候補を表明していた弁護士・宇都宮健児は一本化を優先して鳥越支援に回った。

七月十四日、都知事選告示。小池、増田、鳥越の主要三候補を中心とした戦いは、政党推薦を受けなかった小池が序盤戦より選挙戦をリードした。小池人気は日に日に上昇、女性候補がネット上で「緑のものを身に付けてお集まりください」と発信すると、行く先々で「百合子グリーン」が溢れた。七月三十一日の投票日前には「小池ブーム」というべき現象が起きていた。

また、告示前、猪瀬元都知事が元都議の遺書を公開したことをきっかけに、内田茂への世論の風当たりが強まった。その元都議とは平成二十三年に自殺した樺山卓司《かばやまたかし》氏で、遺書には「内田、許さない！」と書かれていたのだ。この一件で世間的には無名だった大物都議は〝有名人〟と化し、「都議会に巣くう悪玉」とのイメージが広まった。

結局、小池は約二百九十一万票を獲得し、初の女性都知事が誕生。内田ら自民党が推した増田は約百七十九万票、途中〝淫行疑惑〟が噴出した鳥越は約百三十五万票に終わったのである。

小池は自民支持層の約半数からも票を得て、都連の締め付けが効かなかったことも証明された。「集票マシン」であるはずの都議・区議が、小池人気に逆らい自分の選挙に悪影響が出ることを恐れ、ろくすっぽ動かなかった様子が数字に表れたのである。

「小池劇場」は知事選後も続き、様々な話題を振りまいている。築地移転、五輪、都議会自民党幹部との対決、間近に迫った東京都議選……毎週、いや毎日のように何かが起こり、都政から目が離せない状況なのだ。

「代理戦争」と呼ばれた千代田区長選も〝劇〟の一幕だった。「小池VS内田」の図式が喧伝されたことで、一区長選に全国的な注目が集まったのである。

だが——先に「昨年七月末の時点で千代田区長選の結果は出ていた」と書いたのは、単に「都知事選以来の人気を保つ小池が石川を支援したから勝った」という意味ではない。

既述の通り、都知事選の際、小池の地元を除いた二十三区の区長は増田を支援。つまり、千代田区長の石川も、女丈夫ではなく元岩手県知事を「首都の顔」に推していたということだ。

自分に力を貸さなかった千代田区長に、なぜ小池はあれほど肩入れしたのだろうか。石川が内田と不仲ゆえ、「敵の敵は味方」ということであろうか。

しかし、事はそう単純ではなかった。

内幕を知る都政関係者が語る。

「実は石川区長は、都知事選で小池さんを支持しています。五期目を狙っていた石川区長は、小池さんを応援すれば、翌年二月の区長選を有利に戦えると考えていた。都知事選直後には小池さんと会い、区長選への支援を取り付けています。だから小池さんが圧勝した時点で、石川区長の五選にも〝当確〟が出ていたのです」

何と、増田を支持していたはずの石川は、その実小池を応援しており、約半年後に迫った区長選での支援を取り付けていたのである。小池・石川サイドの手際の良さと、増田陣営の緩みが窺える話ではないか。のちにも触れるが、「組織の締め付け」などといっても、往々にしてそれは脆《もろ》いものなのだ。

他方、「代理戦争」のもう一人の主役である内田の側も、都知事選前から手を打っていた。区長の椅子を奪還しようと執念を燃やしていたのである。

元々石川は都庁の幹部で、都議会のドン・内田とは近い関係にあった。が、石川が区長として実績を積み、力を付けていくにつれ、両者の蜜月は終了する。独り立ちを始めた現職区長を、ドンが毛嫌いするようになったのだ。離合集散は政界の常だが、石川と内田の関係もまた淡いものだったのである。

前回千代田区長選では、内田は副区長を擁立し、四選を目指す石川に対抗。一千二百票あまりの差で現職が勝ち、ドンは赤っ恥をかいた。

ドンの沽券に関わる問題ゆえに、連敗は許されない。区長選後には都議選も控える。だから早々に対立候補を用意していたのである。
その意中の人物とは、石川と同じ都庁の元役人だった。
「内田氏が千代田区長候補に立てようとしたのは、元東京都都市整備局長だった安井《やすい》順一《じゅんいち》さん。内田氏は有楽町や大手町、丸の内の再開発に絡む利権が欲しい。都の建設プロセスは、まず区から始まることが多いし、開発地には区道もある。だから都市整備局長だった安井さんはうってつけの人材だった。安井さんも乗り気で、昨年八月に内田氏が開いた政治活動四十周年パーティーで〝来年の区長選立候補予定者〟としてお披露目される予定だった。ところが都知事選で小池氏が圧勝するのを見て、安井さんは出馬を躊躇。内田氏の計画は狂った」（元都庁幹部）
この安井といい、かつて近かった石川といい、ドンは都庁幹部に顔が効く。なにしろ日頃から、夜の街で役人を接待しているそうなのだ。
「内田氏は酒を飲まないが、銀座に行きつけの店が何軒かある。そこへ都庁の幹部職員を連れてきて、庁内では話せないような話をしている。内田氏はこうして役人との関係を深めている」（同・元都庁幹部）
ドンの力の源泉の一つは、この役人たちへの接待にあるようだ。
ついでにいうと、内田が駆使するのは接待といった〝アメ〟だけではない。当然ながら

〝ムチ〟も使う。その代表が警察情報だ。

「内田氏は都議会の警察・消防委員会では顔役で、予算が欲しい警視庁は、何かあると担当者が事前に情報を伝えに来る。場合によっては内田氏が内密に処理し、当事者に恩と恐怖心を植え付ける。例えば大物政治家の秘書出身の中堅都議が関与した産廃の件は、事件化しそうになったところを内田氏が抑えた」（同・元都庁幹部）

ちなみにくだんの中堅都議は、外国人の団体とも密接な関係にある。筆者は国会議員の秘書時代、その団体のお花見にいつものきょとんとした顔で向かう中堅都議を目撃したものだ。そういうワキが甘い連中がいるから、ますます内田の力が増してしまうのだ……と言いたいが、ドン自身もワキの甘さを露呈している。前回の都議選前、地元の祭りでビール券を配るという、都会では近頃珍しい露骨な寄付行為を行ったのだ。

けれど、この件は、「金額が少ない」「選挙に関したものではない」との理由で、不起訴処分となってしまった。

スタッフのバイト代を払っただけでも「運動員買収」になるというのに、有権者に金品を配る行為がお咎めなしとは驚きだ。バイト代の支払いは、おそらく罪の意識ゼロでなされるが、選挙前に金券を配布するのは邪《よこしま》な意図しかないだろう。しかるに無傷で終わるとは、ドンは都議会・都連のみならず、捜査当局をも支配しているのだろうか。内田には自身が監査役を務める会社が五輪などの大プロジェクトを受注しているとの疑惑もある。今後の展開が注視されるところだ。

ドンの落日、引退へ追い込んだ

話を千代田区長選に戻す。安井の辞退を受け、内田ら自民党の内部は混乱した模様だ。自民党サイドの消息に通じた千代田区政関係者が語る。

「安井さんが降りた後、二人の区議が区長選に出たいと名乗りを上げた。一人は反内田です。だけど二人が候補者になることはなく、内田さんの主導で公募となった。大新聞の記者、国会議員の秘書が有力視されましたが、記者は会社の都合で辞退。秘書の方も決まる直前に話が潰れた。噂ですが、幹事長も経験した大物元代議士の圧力がかかったと囁かれています。その直後、内田さんが声をかけたのが佐々木さんです」

佐々木とは、テレビでもお馴染みの中央大学教授・佐々木信夫である。千代田区政関係者の話を続けよう。

「内田さんは『自民党の区議十四名、公明党の区議二名のうち、石川に付くのは一人しかいない』と言って佐々木さんを口説いた。『石川派の区議は一人』と聞いたせいか、佐々木さんもその気になって立候補表明の準備をしていた」

だが、佐々木が出馬宣言をする直前、寝耳に水の話が飛び込んでくる。十二月十四日、都議会公明党が、長年タッグを組んできた都議会自民党との「連立解消」を表明したのだ。

「あの『連立解消』発言で、創価学会票が期待できないと見た佐々木さんは、大学側からストップがかかったこともあり出馬を断念。自民党サイドに辞退すると伝えてきたんです」（同・千代田区政関係者）

十二月十七日、佐々木はメディアに対し「小池対内田の代理戦争の様相を呈したことで、争点がズレてしまった」と辞退の理由を述べ、次のように続けている。

「当初は多選を阻止し、日本の地方自治を変えようと出馬を考えていたが、まったく違うレベルの話になった。大学内でも『現職教授が代理戦争に巻き込まれることはやめてほしい』という空気があり、（不出馬を）決断した」（産経新聞平成二十八年十二月十七日）

ただ、たとえ「連立解消宣言」が無かろうと、学会票が丸々佐々木に来るとは考えにくい。人気の小池に推された現職区長が優勢だとはこの時点でも明らかで、「票割り」の得意な公明党が、劣勢候補に全力投球するとは思えない。仮に表面上は「自公・佐々木ＶＳ石川」という図式になったところで、結果は変わらなかっただろう。

佐々木が身を引き候補者選びは振り出しに戻った。選挙の日まで、もう二か月を切っていた。ドンは窮地に追い込まれたが、土壇場で〝救世主〟が現れる。

「佐々木さんが辞退した後、内田さんは議長経験のある元区議を口説こうとしましたが、あえなく失敗。いよいよ年越しとなりそうなところへ、千代田区選出の代議士だった元財務相の与謝野馨《よさのかおる》さんの甥・与謝野信さんが登場したのです」（同・千代田区政関係者）

与謝野はケンブリッジ大学卒の秀才で、証券会社の一線で活躍していたエリートだ。周知の通り、歌人・与謝野晶子の血を引いており、家柄の方も華々しい。

「与謝野信さんは前々から政治志向が強かったようです。伯父の馨さんが自民党を離党した後、自民党は東京一区（筆者注・東京一区は与謝野馨の地盤。千代田区が含まれる）の公募を行いましたが、そのときも信さんは出たかったという話です」（同・千代田区政関係者）

新年を迎えた平成二十九年一月十三日、自民党推薦で与謝野信が千代田区長選への立候補を表明し、ようやく「代理戦争」の相手方が決まった。とはいえ内情は複雑だったようだ。

前出の千代田区政関係者が語る。

「内田さんは『与謝野が六千票とれば自分のメンツは立つ』との考えでした」

六千票――なぜこの数字なのか。当選ラインはもっと高いと見られていたから、六千票では落選してしまうではないか。それとも何か深い事情があるのか。

関係者の話を続けよう。

「というのは、内田さんと、信さんの伯父・与謝野馨さんとの関係はよくない。与謝野派の区議との関係もよくない。石川区長が四選した前回の区長選も、与謝野派区議四名は内田さんの推す候補をやらず、石川派についていています」

関係者はここでいったん一呼吸入れ、意味深な笑みを浮かべながら続けた。

「だから内田さんとしてみれば、『与謝野馨の親族なら、与謝野一派は応援せざるを得ない。

負けても〝与謝野ブランド〟を潰せる』という腹積もりだったようです。かといってあまり惨敗すると、自身の立場も危うくなる。様々な利害を考えた挙句に弾き出されたのが〝六千〟という数字だったのです」

長年のライバル一派の引き込みと追い落とし、そして自分の地位確保——ドンは地元区長選を、勝敗を度外視し、〝一石三鳥〟狙いで戦っていたというのである。さすが、長らく伏魔殿を支配してきただけあって、目の付け所が凡百の都議とは違う。

が、「やはり」というか「所詮」というか——ドンといえども一地方議会限定の「ドン」だ。田中角栄の如き本物のドンではなかったようで、足元は乱れに乱れたらしい。

「与謝野さんを立てたことで、自民党区議は一応まとまった形になりました。だが実は、彼らを支える後援会長のうち約半数が、与謝野さんでなく石川さんを応援していたのです」

(同・千代田区政関係者)

有力支持者の意向を無視して政治家は動きにくい。ましてや後援会長ならなおさらだ。「自民党推薦」の旗の下、一致結束したかに見えた与謝野選対。しかし内部はバラバラだった様子が窺える。まるで、約半年前の増田選対のようだ。

今回の千代田区長選がワンサイドゲームに終わった理由は、台風さながらの「小池旋風」が吹き荒れたためだと解説される。事実、決戦を制した石川本人も、「小池都知事の大変なご支援のたまもの」と勝因を述べている。

だが、舞台裏を知る関係者の話をよく聞くと——旋風に加え対立陣営の不手際も、大差を招いた要因だといえそうだ。

さて、都連や都議会では過大に神通力を発揮するも、肝心の地元を抑えられずに都議選不出馬へ追いやられた「ドン」——ロッキード事件で有罪判決を食らったが、直後の選挙で二位の五倍に迫る二十二万票をとった今太閤とは大違いである。平成二十一年都議選では、まさかの落選も経験した。内田は茶坊主たちのお追従を聞きながら、心の奥底では膨らんだ虚像と実像とのギャップに戸惑っていたかもしれない。

ただ、選挙に弱い「ドン」であろうと、利権はしっかり押さえている模様だ。

前出の都政関係者が興味深い話を語ってくれた。

「内田さんの最大のスポンサーと見られるのが、幅広い事業を展開しているフリージアグループです。会長の佐々木ベジさんは、親族に芸大出の芸術家がいるせいか、『日本声楽家協会』の理事長をやっていて、内田さんもそこで理事を務めている。佐々木さんがらみのパーティーには内田さん、五輪担当大臣の丸川珠代さんがいつも顔を見せています」

関係者の話を聞いた後、筆者は佐々木氏に関する資料を漁ってみた。その人生は波乱万丈で、さながら劇画の主人公のようである。

佐々木氏は昭和三十年、青ヶ島に生まれた。「ベジ」は本名で、村長も務めた父が菜食主義者《ベジタリアン》であったことから付けられたそうだ。ちなみに弟の一人も「一寸法師」という珍しい名前である。

名前からしてタダ者ではない佐々木氏は、中学卒業後に島を出て、都内の高校に入学。医大を目指すが挫折して、秋葉原の電気店に就職する。その後バッタ屋へ移り仕入れのコツと人脈を得て、二十歳のときに家電会社を起ち上げた。場所はやはり秋葉原である。

とはいえ、実態は「会社」というより「チラシ屋」だったようだ。駅前でチラシを配って客を捕まえ、在庫に見せかけた空段ボールの積まれた事務所へ直行。「商品は他の倉庫にあるから」といって客を待たせ、近くのバッタ屋で品物を買ってくる。つまり、在庫なしでの商売であった。

そんな荒っぽいやり方ながらも事業は伸び、五十万の資金で始めた会社が七年後には年商百億以上にまで成長。「ベジベジ」と呼ばれていたチラシ屋は、「業界の異端児」「秋葉原の風雲児」として注目を集める存在となった。当時、風雲児は雑誌等で経営観を語っているが、ハチマキ姿のその風貌は、どこか野球の新庄選手に似ている。

やることも新庄の如く派手な異端児は、その後も不動産ら多角的事業を展開し、企業買収でも名を馳せた。一時は資産千八百億円に達したという（『週刊ＳＰＡ！』平成三年四月三日号）。

ところが平成九年には、グループ企業が破産し、佐々木氏も破産宣告をされてしまう。さらには同年、系列病院が敷地を差し押さえられた事実を隠したまま補助金を得ていたことが発覚。ベジ氏が会長を務める「人形美術協会」が、破産を申し立てられたことも明らかになった。同協会に関しては、フリージアグループとの不透明な金の流れも指摘されている。

しかし風雲児は甦《よみがえ》り、馬車馬のような働きぶりで再建を果たす。企業買収も再開し、つい先日（平成二十九年二月）も電子部品商社へ株式公開買い付けを行ったと報じられた。

他方、佐々木氏に対しては、かねて資金の出所をいぶかる向きがあり、「グループ企業内の株主構成が不自然」「労使関係に問題がある」といった声も聞かれる。旺盛な事業欲を見せる異端児は、毀誉褒貶《きよほうへん》もまた激しいのである。

……で、この約二十社（同社HPより）を束ねるユニークな事業家は、つとに政界とのつながりも囁かれている。かつては大内啓伍《おおうちけいご》、野中広務《のなかひろむ》、村上正邦《むらかみまさくに》らに近かったようだが、既述のように最近はドン・内田、丸川に接近しているという。『週刊新潮』も「『ドン内田』『丸川珠代』『佐々木ベジ』の妙な三角関係　誕生パーティーに揃う」（平成二十八年十一月十七日号）との記事を掲載しており、都政関係者の話と符合する。

また、『フライデー』の平成二十八年九月二日号も、内田と佐々木氏の〝際どい関係〟を記事にしている。

それによると、平成二十五年の都議選において、フリージアグループの社員少なくとも九名が、居住の実態が無い千代田区に住民票を移し、内田に投票したというのである。

公職選挙法違反で逮捕された幹部社員は、

「内田先生にはお世話になっていますが、それと住所変更は無関係です」

とドンの関与を否定。そのため立件には至らなかったとのことだが、強引なチラシ屋だった起業当時さながらに、必死に内田へ食い込もうとする佐々木氏の様子が窺える。

さらに同記事によれば、平成二十年以降、フリージアグループ傘下の建設会社が、都庁がらみの公共事業で業績を急に伸ばしているという。この種の案件はなかなか実態を掴めないが、急伸の背景には〝ドンの影〟があったと見るのが自然だろう。

佐々木氏との関係について、内田茂事務所に問い合わせたところ、

「あ、ごめんなさい、お受けしておりませんのですいません」

と即座に拒否。取材が殺到しているのか、事務所もナーバスになっている印象だった。

フリージアグループは、取材の申し入れをすぐに断ることはなかったが、しばらくして
「上の人間とも話しましたが、取材はお受けしておりませんので……」

と回答が来た。

両者の肉声は聞けずじまいであったが、都政関係者の話といい、有力雑誌に報じられた件といい、内田と佐々木氏が近い関係にあることは間違いない。

ときに内田の「引退」後、両者の関係はどうなるのか。ドンの影響力も次第に落ちていく

だろうし、商売上、付き合うメリットも減っていくであろう。とすれば、何度もどん底から這い上がってきた異端児は、内田に代わる〝提携先〟を見つけていくはずだ。

ドンを継ぐ者とはいったい誰か？

ドンの後釜とゼネコン

前出の都政関係者がヒントを与えてくれた。

「おそらく島の方じゃないですか？　落ちる心配は無いし。議員の座に居続ける可能性が高いというのは、業者にとって好都合のはずですよ」

なるほど佐々木氏は青ヶ島の出身だし、離島に対する親近感もあろう。都会と違って〝風〟に左右されにくく、リスクの少ない選挙区でもある。肩入れした議員が落選し、力を失う危険性が少ないのだ。

何より島は――前々から利権話が絶えない。漁業、ゼネコン、マリコン（海洋土建会社）……様々な〝旨味〟が存在するともっぱらの噂だ。談合その他、

「野放図」（島の事情に詳しい議員秘書）

との指摘もある。

現に産経新聞（平成二十九年三月一日）は、都の港湾工事における入札情報漏洩疑惑を報じている。マリコン大手の五洋建設・大島の山田建設が、入札下限額とほぼ同額という、

「奇跡を通り越して不可解」（同記事）な価格で工事を落札するケースが続出しているというのである。

そのうち約半数は、都が下限額を積算ミスした事例で、にもかかわらず近似値で落札されている。そのうえ競争相手が不在の入札では、逆に上限額に近い額での落札がなされているのだ。

記事はそこまで触れていないが、五洋建設・山田建設といえば――島嶼《とうしょ》選出のM都議と、密接な関係にあることは人も知る事実だ。しかも、同都議は、都議会の港湾委員長も経験し、「内田チルドレン」のメンバーでもある（相手によっては「自分は内田派じゃないです」などとメンバーであることを否定している模様）。利権と情報の〝交差点〟に立つ存在なのだ。「官・業」の癒着のみならず、都議の関与も濃厚と見られる漏洩疑惑なのである。

さらにいえば、生前は内田と並ぶ「都議会のドン」であった故川島忠一《かわしまちゅういち》元都議（島嶼選出・M都議の親族）は、利権の面では千代田区の方を上回るといわれていた。

「陳情能力に長けた川島先生は、漁業や工事の利権を押さえていた」（同・島の事情に詳しい議員秘書）

との声まであがる。そもそもベジ氏とドンとの関係は、川島元都議の紹介によって始まったとの説もある。

筆者も代議士秘書時代、中堅土建業者から

「内田さんと川忠《かわちゅう》（筆者注・川島元都議のこと）さんにはスーパーゼネコンから情報が流れている」

と聞かされたものだ。開発地に満ちた島嶼部は、見方によっては都心以上に魅力的な肥沃の土地なのである。

秋葉原を震撼させた異端児は、島嶼選出のM都議と組み、新たな風雲を巻き起こすのであろうか。ドンの握る利権を狙い、後輩たちが醜い暗闘を繰り広げるのだろうか。立候補時に「利権追及チーム」の発足を掲げた小池は、利権の本丸・島嶼部に斬り込めるのか。

今後の動き――特にM都議サイドの動き――が注目されるところだ。

小池人気に一役、悪役都議会自民党

一方、ドンを不出馬へ追い込んだ小池は、来たる平成二十九年七月の都議選へ向け、勢いを加速させている。

「小池新党」ともいわれる「都民ファーストの会」が、都議会定数百二十七の過半数を超える、七十名もの候補を立てるとの話まで流布。公明党、民進党は無論、敵対していた自民党まですり寄る姿勢を見せ始めた。かつての小泉純一郎、橋下徹……人気者を前に周章狼狽する政治家の醜態は、選挙前の風物詩である。

三月十三日には都民ファーストの会と都議会公明党とが政策合意を発表。これに基づいて、迫る都議選において双方の選挙協力がなされる運びとなった。都民ファーストの会は公明党の全公認候補を推薦し、公明党も一人区、二人区（荒川区を除く）で都民ファーストの会の候補を推薦する、との内容だ。

都知事人気は高いが組織力の無い「小池新党」。

組織力は強いが無党派層に弱い公明党。

互いの弱点を補う形となった選挙協力によって、最も煽りを食う政党はどこだろうか？

それは都議会最大会派・都議会自民党である。以下に理由を説明しよう。

前回平成二十五年の都議選において、都議会自民党は立候補者五十九名全員が当選。公明党と共に全勝を達成し、前々回民主党に奪われた第一党の座へ復帰した。

だが、大勝といっても、都議会自民党への支持が絶対的なものだったわけではない。

前回の都議選は、投票率が四三・五％と、前々回の五四・五％から一〇％以上も下落した。それなりの組織を持ち、どんな状況であろうと一定の票を出す自民党が、前々回の第一党・民主党の不人気も手伝って、相対的に浮上したという側面があったのだ。

次期都議選は、「小池効果」で投票率の上昇が見込まれる。しかも、千代田区長選と同様に、上昇分の投票は自民以外の候補に流れると予想される。仮に投票率が六〇％近くにまで上がっても、自民党候補の票がそれに比例して伸びるとは考えにくい。

なにしろ都議会自民党は、都知事選以来、これでもかと醜態を繰り返し、すっかり悪役と化している。子どもじみた嫌がらせをすればするほど「小池人気」が上がるという、皮肉な結果をも招いている有様だ。

おまけに最近、にわかに女性都知事へ媚び始めたかと思えば、すぐさま対決姿勢へ逆戻りし、その無節操・無定見、戦略の無さがまた顰蹙を買っている。これでは投票率の上昇と共に増えるであろう、浮動票を獲得できるはずがない。

いや、都議会自民党は、浮動票どころか足元の票すら危うい模様だ。朝日新聞が三月十一、十二日に行った世論調査では、自民支持層の五四%が都民ファーストの会に「期待する」と回答。都知事選、千代田区長選に続き、都議選でも自民支持者が「反乱」しそうな勢いなのである。

加えて前回は、公明党が候補者を立てなかった一人区、二人区において、学会票は自民党候補に流れた。ところが今回の選挙協力によって、公明票は都民ファーストの会へと投ぜられることになったのだ。

一人区、二人区で当選した自民党都議は、学会票という〝ドーピング〟でバッジを付けた者も少なくない。それほど貴重な公明票が、次回は基本、自民でなく――「基本」と書くのは、それでも一部の学会票は、自民に流れる可能性もあろうから――、都民ファーストの会に上乗せされるとなれば――一人区、二人区の自民党候補は、苦戦を強いられること必至なのである。

しかも、学会票を得たことで、都民ファーストの会は「票割りが」計算できるようになった。

複数区の場合、往々にして「共倒れ」、あるいは「一人に票が集中し、もう一方が落選する」という現象が起こりうる。同一政党から二人の候補者が立ったとき、片方が票を取り過ぎるともう片方が落ちてしまう、というふうなケースである。

「小池旋風」は都議選まで続くであろうから、都民ファーストの会は多くの選挙区で総得票数一位になると予想される。が、同会には固い組織が無く、所詮は浮動票に頼らざるを得ない。されど浮動票は組織票と異なりコントロールが不可能だから、選挙戦略が描きにくいのだ。

例えば当選ラインが二万票の選挙区に、都民ファーストの会が二人立ち、計五万票を得たとしよう。この場合、二人とも二万五千票なら二議席を得られて大団円だ。

だが、一人が四万票を取ってしまうと、もう一人は落選の憂き目にあう。浮動票頼みの都民ファーストの会は、そうした「得票数が必ずしも議席に反映しない」結果になる危険性を孕んでいた。

しかし公明党との選挙協力によって、都民ファーストの会は戦略の幅が広がった。「事前の調査で劣勢の候補に学会票を投入する」といった戦術が採れるようになったのだ。いわば「小池新党」は、〝伝家の宝刀〟を手にしたのである。

公明党の〝背信〟に対し、国政の方の自民党幹部は
「単独で勝負をする良い機会だ」（安倍晋三首相）

「公明党がなくても、自民党は自民党で地力を発揮して、この選挙（都議選）を勝ち抜く」

（二階俊博幹事長）

と、一応は強気のコメントをしている。

そのため「対決姿勢」と捉える向きもあるけれど、具体的な動きは見られない。都議会自民党の拙さに呆れつつ、国政での選挙協力がこじれぬよう配慮していると感じられる。加えて前述したように、一部の学会票が自民候補に来る可能性も考慮していると思われる。

事実、かつて新進党が結党された際、公明党は組織を二つに割り、自民党との、のりしろを残した。岡山県知事選では新進党推薦の江田五月《えださつき》を支援せず、自民推薦候補を推して当選させるという〝神業〟も見せている。

昭和五十年代半ば、そして平成五年以降の数年間、自民党は創価学会批判を展開した。いずれもメディア、文化人、他の宗教団体を巻き込んだ大掛かりなもので、学会は小さくないダメージを受けている。後者のときは、学会が最も恐れているといわれる「池田大作証人喚問」も議題にのぼった。

その過去を忘れていない公明党は、自民党との全面対決を選ばない。今度の都議選でも、選挙情勢次第で自民候補を密かに推し、貸しをつくりにかかる可能性も十分にあるのだ。

自民党本体が下手に公明批判をやらかしてしまったら、来るかもしれない札《ふだ》（＝票のこと）が来なくなる。新進党所属の代議士だった小池も、おそらくは学会の〝二股好み〟の手口を熟知している。公明党を中心に、都民ファーストの会、自民党が絡んだ〝三国志〟さながらの構図が浮かび上がってくるのである。

ここで、キャスティングボートを握る創価学会票について触れておこう。

巷間、都内の学会票は、七十万とも八十万ともいわれている。実際、投票率に左右されはするものの、都議選や衆院選（東京都のみ）、参院選（同）での公明票は、六十万から八十万の間で推移している。

ただ、これは「フレンド票（Ｆ票）」込みの数字である。学会員が非学会員に投票を呼びかけ、その結果出された得票ということだ。選挙活動をするような、熱心な学会員の数はおそらくその三分の一、あるいは四分の一程度だと思われる。

「公称八百万世帯」を誇る学会員の実数は、全国で二百万から三百万世帯と見る意見が多い。

創価学会に詳しいジャーナリスト・内藤國夫《ないとうくにお》によると、

「家族や友人が入っているから名前だけ貸している」

「付き合いで入会し、たまに顔を出している」

といった休眠会員を除いた、本当に信仰している学会員は、公称八百万世帯の約一割、七、八十万世帯だという。

筆者もこの説を「当たらずも遠からず」だと考える。家族全員が信心しているとは限らないから、会員数でいえば百数十万から二百数十万程度であろうか。「定説」よりは少ないが、それでも他の宗教団体や各種団体に比べれば、圧倒的な多さである。

で、選挙協力の場合、学会員は票を投じるだけであり、F票獲得まではやらないのが原則だとされる。動くのは基礎票のみということだ。東京都でいえば、熱心な学会員推定二十数万が、公明党の真の基礎票かと思われる。

都議選は四十二選挙区だから、単純計算すれば各選挙区における公明党の基礎票は四千～六千票程度ということになる（もちろん選挙区によって誤差はある）。

けれども、他党の候補を推す際は、基礎票が丸々出ることは無く、一～三割は欠けると見るのが現実的だ。

そうなると、一人区、二人区で立つ都民ファーストの会の候補は、現時点では概ね「三千～五千票」のアドバンテージを持つと判断される。情勢次第で学会票の欠け具合が上下したり、休眠学会員の票が加わったりもするだろう。だが現状では、積み増し分は三千から五千と見るのが妥当と思われる。都議選の結果を見る折は、こういう数字を意識するとよいかもしれない。

無論、公明党候補が立つ選挙区は、基礎票の上に「活動はしないが票だけは入れる」といったライトな学会員の票が追加され、F票も上乗せされる。それのみか、都議選を重視する公明党には「住民票を移動させている」との真偽不明の噂もある。

さらには〝風作戦〟なるものまであるそうだ。都議選前に地方の学会員が上京し、都内の知人に投票を依頼、選挙後すぐに帰郷するのである。「風のように来て風のように去っていく」がコンセプトのこの作戦は、公明党元書記長・市川雄一が考案したらしい。

ちなみに小沢一郎との「一・一ライン」で知られた市川は、昭和四十四年の都議選において、投票所を襲撃した〝実績〟を持つ。

既定の時間（当時は午後六時）を過ぎて投票所に現れた学会員が、「投票させろ」と恫喝した挙句、立会人を襲撃――この恐るべき事件で陣頭指揮をとったのが、学会の若手幹部だったのちの公明党書記長だったのだ。まさに〝選挙熱心〟な学会を象徴するような人物である。

これだけある小池都政の不安材料

着々と態勢固めを進める都民ファーストの会、もとより安定している都議会公明党、自業自得の不人気に加え、頼みの綱の学会票が離反してしまった都議会自民党……都議選の構図が固まりつつあるが、まだ不確定の要素もある。

日本維新の会の存在だ。

同会は大阪では根強い人気を誇り、府議会では第一党を占めている（大阪では地域政党「大阪維新の会」）。

一時は「小池新党」と連携するとも見られたが、日本維新の会代表・松井一郎（大阪府知事）は

「小池知事が何をやりたいか、あまり見えていない」

と小池の改革姿勢を疑問視。

馬場伸幸幹事長も

「小池さんは、私から見たら池のほとりで遊んでいるようなもの」

と歩調を合わせ、「小池新党」との共闘に消極的な態度をとった。

実際、都議選でも独自候補の擁立を進め、当初の九人から三名減りはしたものの、六人が公認候補として立候補する予定となっている。

小池サイドも維新との連携には否定的と見られ、小池側近が

「仮に連携しようと向こうから持ちかけられても、こちらとしては連携するメリットはない」

と語ったという報道もある（産経新聞平成二十九年二月二十日）。

前回都議選において、日本維新の会は三十四名の候補者を擁立したものの、当選者は二名と惨敗。〝大阪（関西）政党〟の限界を露呈した。追い風に乗る都民ファーストの会が、日

本維新の会と組むメリットは、確かに無いとも感じられる。

ただ、選挙には「負の力」が働くのも事実だ。すなわち「落とす力」である。なるほど前回都議選で、日本維新の会は敗北している。しかし、全くの泡沫に終わった候補者はいなかった（それに近い候補者はいたが）。次点の候補も存在する。そして、彼ら彼女らが取った票というのは、大半が「非自民票」（自民党支持でない層からの票）である。日本維新の会が、次期都議選で予定通り独自候補を立てるとして、その候補者たちが取るのはやはり「非自民票」であろう。つまり、都民ファーストの会の票を奪う可能性が出てくるのだ。

小池人気の加速に対し、維新の人気は前回都議選時以上に低下している。それゆえ都民ファーストが受ける「負の影響」は、ごく一部に過ぎないかもしれない。

とはいえ、激戦区では数百票、数十票で当落が入れ替わるケースもある。最低でも数千票は取るであろう維新の候補が、都議会自民党の「援軍」と化す可能性も否定できないのだ。

代表の松井、「引退」したとはいえ維新に絶大な影響力を持つ橋下徹は、小池と微妙な関係にある官房長官・菅義偉に近い。首相の安倍を交えた四人は定期的に会談し、関係強化を図っている。

他方、前述のように小池と維新の関係はよくない。都民ファーストの会の登場で、維新が非自民の中で埋没している現実もある。見方によっては「小池旋風」の〝被害者〟ともいえる。

国会では与党でも野党でもない「ゆ党」と呼ばれる日本維新の会。三月二十五日に開かれた党大会では、都議選の公約として「豊洲移転推進」を掲げ、小池に対抗する姿勢を見せ始めた。九人から六人へと減った候補者も、「十一名までいきたい」(松井代表)と〝積極擁立〟を模索する方針のようだ。

「非常に厳しい」(馬場幹事長)情勢の下、維新が都議選で得られる議席は「一」、又は「ゼロ」と見るのが妥当な線だろう。が、その立候補者の数いかんで、「小池新党」、自民党の議席数に変化が起きうる。少なくとも自民党サイドは「ゆ党」が一人でも多くの候補者を立て、非自民乱立によって票が割れることを期待しているに違いない。

飛ぶ鳥を落とす勢いの小池百合子——しかしその先行きに、不安を感じる向きも見受けられる。

殊に指摘されるのが、お粗末な「小池チルドレン」「小池ガールズ」の誕生だ。都民ファーストの会から多くの新人が当選しても、粗製濫造で議会の質が下がるのではとの危惧である。

事実、いつぞやの「小沢チルドレン」、または「橋下ベイビーズ」……風に乗って粗悪な議員が大量発生してしまったことは記憶に新しい。

また、都民ファーストの会から出る候補者は、小池が塾長を務める「希望の塾」出身者が中心になると予想される。これも不安を掻き立てる一因であろう。松下政経塾、維新政治塾……「塾」上がりの政治家に、逸材は少ないというのはほぼ常識であるからだ。

だが、「小池チルドレンが大量に湧き、議会が劣化する」との見方には、抜け落ちている視点がある。

それは、今現在の都議会議員・都議会も、極めて低質であるということだ。

次章以降で詳述していくが、都議会に限らず地方議会の酷さといったら、もう目を覆うばかりである。

居眠り、上の空、不勉強、下品なヤジ……たまに質問の機会が来たところで、

「黒い頭のネズミとは誰か」

「想像に任せるというのは大変残念な答弁と言わざるを得ない」

などという、それこそ残念な内容に終始する始末だ。

都民生活そっちのけ。自分の恥部をどれだけ掴まれているか探ることの方が、彼らにとって重要課題なのである。チルドレンでなく政治の「プロ」であろうと、この程度の低水準なのだ。

だから、小池チルドレンが烏合の衆であろうとも、議会の質が落ちることにはならない。現状維持のままである。もちろんそれでよいわけがないが、遺憾ながら地方議会の質向上は、

おそらく将来も期待できない。

その歴史を辿った第三章、第四章でしつこく述べるが、地方議会はそれこそ明治の昔から、いつの時代も惨憺たる有様なのだ。「都議会再生」「都政をよみがえらせる」などと〝改革派〟ぶる都議もいるけれど、元々腐っているのだから「再生」も「よみがえる」もクソもない。腐敗と堕落は草創期から地方議会の〝主成分〟。ゆえにチルドレンで占められようと占められまいと、都議会の質は変わらないと見られるのである。

むしろチルドレンの誕生後に注目すべきは、議会の質云々ではなくその将来だ。すなわち彼ら彼女らが、最後まで小池を支え続けるかどうかである。

というのも、チルドレンらが選挙区・議会で対峙する「自由民主党」は強い。個々の議員が強いというより、「党」が強い。

名前、伝統、ノウハウ、人、組織……全てをひっくるめて強いのだ。

自民党それ自体、昭和三十年から六十二年もの歴史がある。遡れば戦前の政友会、民政党以来の流れがあり、さらに辿れば明治期の自由党、改進党、維新直後の愛国公党にその源流がある。百五十年近い歴史があるとすらいえなくもない。換言すれば、幾多の危機が訪れようと、その都度乗り切り長い歴史を刻んできたということだ。「小池旋風」が吹き荒れる現在も、批判が向くのは都議会自民党に対してだけで、自民党本体の支持率は依然として高い。

前出の都政関係者も印象的な比喩でその強さを語る。

「店子がいくら替わっても、自民党という大家は替わらず残ると思います」

店子＝議員が替わろうと、大家＝自民党はしぶとく生き残るというのである。

実際、ウナギでも天ぷらでもお菓子でも、老舗はなかなか潰れない。江戸時代から数代続く店もある。政党も同様で、定期的に現れる新党はすぐ消えるが、老舗の党は消え去らない。かつて武装蜂起を行った、あの日本共産党さえ九十五年も生き長らえているではないか。

それゆえ目下のところは小池人気に歯が立たず、次期都議選で苦戦しようと、長いスパンで見れば老舗・自民党はいずれ復調するであろう。個人としての能力は、都議会自民党全員足しても小池の方が上だろうが、「党」の力はにわか仕立ての「小池新党」を圧倒しているからである。

で、小池人気に陰りが出て、自民党が盛り返して来たとき――チルドレンたちはどういう態度を見せるのか。

彼ら彼女らの大半は、自民党都議の如きそれなりの組織を構えた後援会を持たない。後援会をつくるにしても、それには長い時間を要する。次期都議選では学会票が付く予定でも、その次どうなるかはわからない。だから結局は〝風〟に頼らざるを得ない。

「小池旋風」が過ぎ去った後、風頼みのチルドレンらは生き残りをかけ右往左往するだろう。早速、女性都知事に恭順の意を見せた都議会公明党のように。あるいは離党も視野に小池にすり寄り始めた都議会自民党の一部のように。はたまた「東京改革議員団」などという、小池の掲げる「東京大改革」を失敬したような名称へ臆面もなく改名した都議会民進党のように。また、「小池新党」の名で当選した新人が、いつまでも女性都知事の下に居続けるとは限らない。〝脱藩〟を試みる者も出てくるのではないか。

それどころか、すでに現段階で、他党へ移ることも視野に入れている立候補予備軍もいるはずだ。政治家志望者が最もこだわるのはバッジの有無。次にくるのが政党名で、政策にはほとんどこだわらない。

「人気者の小池を利用して、とりあえず議席を得る。その後はフリーハンド」

などと考えているつわものが居ても不思議ではない。いや、居て当然だとすらいえる。新米だからといってウブでも純粋でも何でもないのだ。他党と何らかのコネを持ち、情報を流す者だっているかもしれない。

小池自身、毎日新聞（平成二十九年一月三日）のインタビューで、新党に関連して述べている。

「（当選後）逃げられてしまう恐れもある。だから、候補者の絞り込み、誰を推薦するかは大事です」

初出馬時の日本新党以来、自身も〝新党経験〟豊富なせいか、全てお見通しなのである。とはいえ、裏切りは政界の常だ。気分も変わるし情勢も変わる。候補者選びに細心の注意を払おうと、小池人気が落ちればふらつく新人も出てくるに違いない。

現在、都議会内での小池の「敵」は、都議会自民党の主流派だけのように見受けられる。しかし、「政界は一寸先は闇」(元自民党副総裁・川島正次郎《かわしましょうじろう》)だ。手駒の一部が「敵」と化し、女性都知事に背を向ける場面も出てくるのではないか。

「百条委、お前もか!」豊洲移転問題の茶番劇

ところで「敵」といえば――。

「小池劇場」の本質は、敵と戦うことだと解説される。

都議会のドン・内田茂、かねて不仲の元首相・森喜朗……彼らを「敵」と見定めて、そして対決することで、人気を維持する作戦だというものだ。

事実、いかにも悪役面の両者によって、都のヒロインは助けられてきた。

例えば、昨秋世間を騒がせた、五輪会場の見直し案。小池は宮城や横浜での開催を模索し、現地視察も行った。

しかし結局徒労に終わり、「大山鳴動してネズミ一匹」と揶揄《やゆ》された。が、〝五輪に巣くう森喜朗〟という「敵」がいたために、小池人気は揺るがなかった。その後の千代田区長選挙では、既述の通り小池の支持した現職が圧勝。旋風が強まった気配すらある。

けれども、その千代田決戦を境に、「小池劇場」は新局面を迎えることにもなった。内田がKOされてしまったことで、「敵」としての価値が激減したからだ。まだ元首相が残って

はいるものの、敵役が一人では「劇」が淋しい。それゆえ都のヒロインは、新たな「敵」を仕立て上げていくと予想される。

当面の標的は、巷間いわれている通り、石原慎太郎元都知事だろう。攻撃材料は築地移転問題だ。

当初の予定を覆し、移転延期となった築地市場。豊洲新市場の汚染が発覚する一方、従来の築地も空調管理、耐震等に難があるとされ、「進むも地獄、退くも地獄」の難局となっている。

また、移転に絡む利権の存在も囁かれる。例の盛り土の問題だ。

前出の都政関係者が次のように指摘する。

「盛り土がなされなかったのは、技術的な判断もあります。ただ、盛り土をせずに地下ピットを作った場合、その分多くのコンクリートを使うことになる。そのためコンクリート業者に近い大物都議、某区長の働きかけがあったのではと見る向きもあります」

さらに、移転に絡む工事にも、不自然な点がある。

以下に年表風に記してみよう。

平成二十五年十二月二十四日、猪瀬直樹が都知事を辞任。その三日後に、豊洲移転工事が予定価格を四百億円増額させたうえで再入札を公告。

平成二十六年二月十二日、舛添要一が都知事に就任。その翌日、豊洲市場の建設工事がほぼ予定価格通りで落札。

平成二十八年六月二十一日、舛添都知事が辞任。その一か月後、都知事選の最中に、築地市場の解体工事が落札。

猪瀬元都知事がテレビ等で指摘しているこの事実は、いったい何を意味するだろうか？

そう、都知事が不在か、就任したばかりの時期を狙ったかのように、重要な決定がなされているのである。

都知事が不在のときも、一貫して都政を担ってきた存在と言えば――言うまでもなく、都議会だ。この不可解なプロセスに、都議の関与は無かったであろうか。

しかも、豊洲新市場の関連工事で、電気設備工事を受注したのはドン・内田茂が監査役を務める東光電気工事である。都民に選ばれた都議会議員なら、まして最大会派を取り仕切ってきたドンであるなら、これらの疑惑に公の場で答える義務があるだろう。

三月十一日から豊洲移転問題に関する百条委員会が始まった。証人要請されたメンバーは、元都知事、元副知事、元役人、東京ガス関係者らである。

三月二十日には、注目の石原慎太郎元都知事が喚問の場に登場。だが新事実は特に出ず、「都議の追及空振り」「都議は質問をもっと工夫しないと」との声が次々と上がった。体調不良の元都知事を悪役に仕立て上げ、〝正義の味方〟を演じようとした都議連の目論見――無論、都議選向けのパフォーマンス――は、役者の違いを見せつけるだけの結果に終わったのである。

しかし何より——一連の〝百条委ショー〟が問題なのは、まえがきでも触れた通り、都議会議員が元職を含め、一人も呼ばれていないことである。

本気で豊洲移転問題の混迷を解決しようというのなら、まず、数々の疑惑に塗れた都議会のドン・内田茂こそ証人喚問すべきであろう。

それなのに、百条委に招く面々を決める都議たちは、最重要人物を素通りし、元都知事サイドや元役人、東京ガス関係者しか呼んでいない。都議会の責任回避を謀っているのだ。

常日頃、やかましいほど「首長と議会は二元代表制」と連呼している都議会。疑惑の中心人物がデンと居座っている都議会。しかるに都議は百条委に招かれない——これを茶番劇と呼ばずして何と言おうか。

加えて内田と東光電気工事には、五輪に絡む疑惑もある。バレーボール会場の「有明アリーナ」と、水泳の「オリンピックアクアティクスセンター」を、同社が落札しているのである。

殊に有明アリーナの入札をめぐっては、入札価格が他社より高かったのにもかかわらず、「技術点の高さ」が決め手となって東光電気工事が落札している。豊洲のみならず、オリンピックもまた疑惑があるのだ。

そもそも、内田が東光電気工事の監査役を務めていることからして、法的に疑義が存在する。

以下に掲げるのは地方自治法第九十二条の二だ。

「普通地方公共団体の議会の議員は、当該普通地方公共団体に対し請負をする者及びその支配人又は主として同一の行為をする法人の無限責任社員、取締役、執行役若しくは監査役若しくはこれらに準ずべき者、支配人及び清算人たることができない」

この規定を普通に読めば、内田は法令違反を犯していることになる。

同法第百二十七条では、第九十二条の二に該当するときの罰則が定められ、そこには
「職を失う」

と記されている。次期都議選不出馬を発表した内田だが、それ以前に失職する可能性があるのだ。

が、猪瀬元都知事の『東京の敵』によると、そう単純に失職とはいかないらしい。判例やら、議会の判断やら、いくつかのハードルがあるというのだ。ここでも「都議会」が足かせとなっているのである。

ドンも高をくくっているのか、この疑義に対しても口を閉ざしたままである。「ビール券買収」の件も〝無罪〟となり、その他諸々の疑惑も不問に付されたまま……法やルール、常識といったものを、心底軽視しているのだろう。

〝本業〟たる議会では、うとうとしながら時間が経つのを待つばかりでありながら、利権の

匂いを嗅いだ途端に目の色を変える。法規だってお構いなし。これが「プロ」の実態だ。

で、「厳しい」とされる百条委員会が設置されても、なぜか呼ばれずほとぼりがさめるのを待つ——。

鳴り物入りでスタートした百条委がこの調子では、先行して発足した「豊洲市場移転問題特別委員会」なるものも、〝臭いものにフタ〟で終わってしまうと危惧される。いや、胡散臭げなメンバーからして、始めからフタをすることを企図した委員会なのかもしれない。

ともあれ、かくも課題と疑惑の山積している築地移転——これを決定したのは石原都政時代だということで、小池は先輩都知事を「敵」扱いし、「劇場」を演出していくのだろう。

見てきた通り、元都知事より都議会の方が疑惑と責任に満ちている。だから本来、都議連の悪事こそ、都庁をあげて暴くべきである。だが、内田の利用価値が千代田区長選で減った今、超大物をスケープゴートにした方が、舞台が盛り上がるということなのか。

ただ、芥川賞作家を「敵」に見立てた「劇場」は、長くて都議選までだろう。移転するのかしないのか、いつまでも結論を先送りにはできない。市場関係者は結論が出る日を今か今かと待っているのだ。それに過去ばかりを問題にしていては、観客の方も飽きてしまう。

石原の次に小池が狙う「敵役」人物とは

では、都議選後、築地の件が一応の決着を見たとして——その次に登場する敵役は誰か。

前出の都政関係者は以下の通り予想する。

「小池さんは、石原さんの次のターゲットとして、菅官房長官を考えていると思います。都知事選でも千代田区長選でも、菅さんは小池さんの敵にまわった。千代田区長選挙では、一区長選にもかかわらず、与謝野さんの総決起大会に出席しています」

菅義偉官房長官——都の女帝の次なる「敵」は、この政権中枢幹部だというのである。

たしかに菅なら相手にとって不足は無い。石原ほどの大物ではないにせよ、かりにも内閣の大番頭だ。官房長官在任記録を更新中で、〝陰の総理〟との評まである。国政が絡むことにもなり、舞台は盛況になるだろう。

近く、小池は国政に関する勉強会を発足させる予定だ。会の名称は「国政研究会」。小池主宰の政治塾・「希望の塾」の塾生の中から参加者を選抜する。

「都政と関連が深い国政を勉強する」との設立趣旨だが、次期衆院選が二年以内に迫っている時期だけに、

「『小池新党』が国政進出へ向け動き出した！」

と見る向きもある。

小池サイドも国政への野心を匂わせている模様で、都民ファーストの会幹部や同会関係者（同一人物？）が
「（国政選への候補者擁立は）今は考えていない」（朝日新聞平成二十九年三月九日）

「都政前進のため、新党は早くから国政を視野に動いてきた」（産経新聞平成二十九年三月九日）

と、国政進出に向け含みを持たせたとの報道がなされた。水面下では国会議員とも接触しているという。

衆院選の時期にもよるが、「小池新党」が国政進出する事態となれば、自民、公明、小池サイドの〝三国志〟はますます複雑な様相となりそうだ。以下に愚見を述べてみる。

都議選での都民ファーストの会・公明党の選挙協力に対しては、「強気の姿勢」を見せるにとどめている自民党本体。しかし、公明党と良好な関係を保つ「小池新党」が、国政に殴り込みをかけてくるとなれば――「姿勢」だけでは済まなくなる。

特に注目されるのは、前出の都政関係者が「小池の次なる敵」と名指しした、菅官房長官の動きだ。

この内閣大番頭は、選挙担当の学会副会長と蜜月関係にあるとされる。「日本維新の会とのパイプ、そして学会中枢とのパイプが〝陰の総理〟の力の源泉」とする見方もある。が、小池という人気者が両者の間に割り込むとしたら――まさに都政関係者の指摘通り、「小池VS菅」の熾烈なバトルが始まることになる。

国政では自民党、都政では都民ファーストの会……例によってしたたかさを発揮している公明党は、小池人気の推移を見ながら、引き続き二股をかけていくと思われる。ただ、先にも少し触れた通り、自民党本体と対決することは無いだろう。

都議会自民党は幼く拙い。その陰湿なやり口は、都民から白眼視されている。だから離れて当然だ。

だが、自民党本体は、都議会の方と違って支持率も高く、大人の関係を保てる組織だ。現に二十年近く連立を組み、今や学会は〝自民党最大の支持団体〟にまでなっている。自民支持者の名簿が公明党に流れている事実もある。小池人気が最高潮に達しても、国政で自公が完全離別する可能性は極めて低い。

それに小池サイドにすり寄り過ぎると、かつてのように自民党から総攻撃が始まらないとも限らない。

公明党の行き方は、一見、キワモノに飛びついているだけに見える。だが実は、何事も賢く計算している。自民党と正面対決する如き、下手を打つとは思えない。

固い組織票がある以上、自民・小池双方から重宝がられるのは必然だ。それゆえ公明党は、比重は変化しようと両にらみ作戦を展開していくと考えられる。

で、焦点の小池百合子は——。

自公以上に、険しい道のりが待ち受けている。

まず、豊洲移転問題だ。

「(移転問題は)長期化せざるを得ない状況」(東京新聞平成二十九年二月十八日)

「（豊洲に）超高級ホテルよりも高い建築費をかけ、いつ誰がどこで決めたのか分からない。都政大改革の象徴的な出来事で、都議選の争点にならざるを得ない」（同）

女性都知事はこう述べており、移転問題を都議選の争点に据えようとしている。移転するのかしないのか、都議選後に決めるということだ。

このスタンスに対しては、

「移転問題を政争の具にしている」

との批判もある。が、今のところ、小池人気を揺るがすまでには至っていない。

都議会自民党などは

「一刻も早く決断を」

とけしかけているものの、

「都議選で公明票が期待できなくなったから、対決姿勢を強めて〝アンチ小池〟票を狙い始めた」

と、底意を見抜かれる結果に終わっている。

窮余の一策か、〝小池批判の急先鋒〟として知名度アップを図るセンセイもいるけれど、残念ながらピエロとしか見られていない。

とはいえ、都議選後に結論を下す際、小池が傷を負うのは避けられないだろう。

移転中止を決めれば「豊洲派」から非難され、移転を決めれば「築地派」から非難される。

一部で噂されているように、仮に住民投票で決めたとしても、「首長として無責任」との批判はくすぶり続ける。

また、「小池新党」の国政進出に関しても、紆余曲折が予想される。

憶測だが、女性都知事は次のような戦略を秘めていると思われる。

「平成三十二年の東京五輪を成功させ、その次の衆院選で国政に復帰する」

現在から見て「次の次の総選挙」を天王山とみなす〝中長期戦〟である。

というのも、次期衆院選は次期都知事選より先に実施されることが確定しており、小池が「次」に出る場合、一期目半ばで都知事を辞めざるを得なくなるからだ。

衆議院の任期満了は平成三十年十二月。

一方、都知事の任期満了は平成三十二年七月。

途中、解散がなされなかったとしても、衆院選は都知事選の一年半以上前に行われる。

しかも戦後、任期満了の衆議院選挙は昭和五十一年十二月の一度きり。だから実際には、任期満了前に総選挙が実施される可能性が極めて高い。

小池が次期衆院選に出馬するという〝短期決戦〟を仕掛けると、都知事を三年未満で辞めることになる。

そうなると、

「都知事を一期も務め上げないで、もう国政へ転じるのか」

との批判を浴びることになりかねない。

知事を途中で辞めるといえば、橋下徹も大阪府知事を辞職して、大阪市長へ転じている。しかし人気は落ちなかった。それゆえ小池が都知事の椅子をなげうっても、特に問題は無いかのようにも感じられる。

とはいうものの、橋下がナニワの知事を辞めたのは、残りの任期が三か月余りだった時期である。つまり、任期をほぼ務め上げていたのだ。

「ほぼ四年務めた」と「一〜二年ちょっとで辞めた」ではだいぶ違う。後者は「無責任」とのそしりを免れない。人気が最大の武器である都のヒロインは、そうしたリスクを避け、都知事としての実績を積んだ上で国政に戻ると見られるのである。

だが、小池が〝中長期戦〟で勝負をかけるとしても、次の次の衆院選は、長ければ五年先になる。つまり、それまで人気を維持し続けなければならないということだ。

ちょっとやそっとのことで今の人気が急落するとは思えないし、オリンピックという華々しい舞台もある。手練手管に長けた都の女帝は、このまま観客を飽きさせず、「首相候補」として永田町に舞い戻るかもしれない。

とはいえ、「政界は一寸先は闇」である。何が起こるかわからない。五年、十年と人気を保てた政治家はほとんどいない。移り気な世論をつなぎ止めるための戦いは、都議会との戦い以上に難儀なものとなるだろう。

そのほか都の女帝の行く先には、東京五輪、自民党の党籍問題（党費未納とはいえ小池はまだ自民党籍のまま）などの課題もある。

さらに、昨夏の都知事選立候補時に掲げた「利権追及チームの設置」もまだ具体的な動きは見えない。

私見では、これこそ最重要の案件だが、都庁に確認したところ、「利権追及チームはまだつくられておらず、設置時期の見通しも立っていない」そうだ。都議会自民党を筆頭に、追及すべきセンセイ方がうんざりするほどいるわけだから、初心を忘れず一刻も早く設置してもらいたいものである。

利権追及チームが発足し、快刀乱麻を断って「黒い頭のネズミ」たちを退治していく……その日が来るのを多くの都民が待ち望んでいるに違いない。

とにかく「小池劇場」は、第一幕・「都議会のドン」が終わったばかりだ。第二幕は「元都知事」。第三幕は玄人筋の読む通り、「官房長官」であろうか。五輪を仕切る元首相は、その際立った悪役イメージゆえに重宝され、必要とあらば幕を問わず引っ張り出されるのだろうか。

胆力に恵まれた女丈夫は、都民人気、国民人気が命綱だ。それが下がれば「東京大改革」も暗礁に乗り上げる。真の狙いといわれる総理の椅子も遠のくし、都議選後に現れるチルドレンだって逃げていくかもしれない。

　野心実現のための「劇場」が、一時の娯楽に終わるか実を結ぶか。「敵と闘う姿を見せて人気を得る」という戦法は、どの程度の賞味期限を持つのか。喧噪から一歩身を引いて、冷静に見ていく必要があろう。

第二章／これが地方議員の正体だ

地方議員の実質労働時間

地方議員とは、一体どんな仕事をしているのか？

こう問われて即答できる人は少なかろう。

それも当然だ。首相をはじめ国会議員の動向は、連日トップニュースを飾る。しかし、地方議員はといえば、首長との対立か、不祥事くらいしか話題にならない。「身近な地方議員」などといわれるが、その正体はあまり知られていないのである。

高校の政治・経済教科書（文英堂『理解しやすい政治・経済』）によると、地方議会の仕事とは、以下の通りであるらしい。

①条例の制定・改廃、予算・地方税・使用料などの決定。
②議長・副議長・選挙管理委員の選挙。

③おもな公務員を知事が任命するとき、それに同意を与える。
※「おもな公務員」とは副知事（助役）・出納長（収入役）・監査委員・公安委員など。
④住民の請願の受理。
⑤長の不信任の決議。

さすが、「神聖なる議会」だけあって、何やら重々しい任務である。誰でもできるものでは無さそうだ。

しかも地方議員には、議会の外でも仕事がある。視察や陳情、地域行事への出席等だ。また、政党所属の議員なら、政党人としての役目もある。このほか地元の世話役のような役割もあり、その職務は多岐に渡っているといえなくもない。

「地方議員って、何をしてるかわからなかったけど、案外大変そうじゃないか。忙しそうじゃないか」

こう思われた方もいるかもしれない。実際、多くの地方議員は、事あるごとに口にする。

「いや……ほんと、大変ですよ」

「忙しくて、休みなんか無いですよ」

なぜだか顔をほころばせ、多忙・激務をアピールする。それを真に受け敬意と厚情を抱いてしまう向きもあるだろう。

が、実情はどうか。そんなに大変な仕事なのか、地方議員なるものは——。
国会議員の秘書をしていた筆者の印象を率直に述べれば、地方議員の「仕事」とは、次のようなものである。

①議席維持のための集票活動
②利権漁り
③政局&陰謀ゴッコ
④国会議員へのタカリ

まさか、我らが地方議員に限って、そんなはずは——と思われる方もいるだろう。けれど、誠に残念ながら、これが大半の地方議員の実態だと言わざるを得ないのだ。こんな「仕事」で楽々報酬をせしめているのである。まずは地方議会の実情から説明していこう。

先の教科書の指摘通り、地方議員の本職は、議会における活動であるはずだ。議場で丁々発止とやり合って、条例を制定する。あるいは予算を決定する……これが本来の仕事のはずだ。

しかし、現実は違う。議会における活動など、地方議員にとって〝副業〟程度のものなのだ。

国会の場合、毎年一月から百五十日間、通常国会が開かれる。これに会期延長や臨時国会が加わって、年に二百日を超すのが通例だ。とかく批判されがちな役人も、有給がとりやすい面があるとはいえ、年間二百数十日は勤務する。民間企業や自由業なら三百日以上もザラにあろう。

仕事熱心な日本人。時に度が過ぎ、「ブラック企業」「過労死」といったキーワードが生まれるほどだ。元来勤勉な国民性なのである。

これに対し、地方議会はどうか。年にどれくらいの日程があるのだろうか。住民のために昼夜を問わず働いているのか――。

通常国会にあたる定期の議会を、地方議会では「定例会」と呼ぶ。一般に、この定例会が年に四回ほど招集され、たまに臨時会も開かれる。

では、一回の定例会の期間は、何日くらいなのだろう？　通常国会は百五十日だから、推算すれば一回三〜四十日の定例会が、年に四回招集されるのだろうか。

とんでもない。数日から三十数日程度なのである。それが年に四回あって、計数十日しか開かれないのだ。地方議会というのは。

しかも、この「期間」には、実際は休日の土日・祝日も含まれている。だから「都道府県会は年に八十数日の定例会」などと発表されても、実質は平日のみの六十日程度なのだ。町村議会クラスになると、その半分以下というところもある。

それどころか一回の定例会のうち、本会議の開催日は通常四、五日程度。全国の地方議会の平均本会議日数は、年に二十日程度なのである。本会議以外に委員会への出席もあるが、これも一定例会あたり二～四日程度。一日だけの場合もある。一部の議員は複数の委員会に属しているが、その分を足しても多くて七、八日だろう。

つまり、地方議員は、年に二十～四十日、多くとも五十日ほどしか議会の日程が無いのである。

さらに、議会の拘束時間は、日にせいぜい数時間。採決のみで終わる日だってある。そのため議会によっては実働時間が年に数十時間という議員も少なくないのだ。

おまけに議会の中身といえば、ただただ議席に腰かけて、採決の際に立つか否か決めるだけ。それとて会派の方針に、盲目的に従うのみで、わけもわからず起立と着席を反復している議員が大半だ。

「地方議員の仕事は膝の屈伸運動」——。

鹿児島県阿久根市の元市長・竹原信一《たけはらしんいち》の名言を、「いや、名言ではなく〝迷言〟だ」と正す資格のある議員は希少だろう。

議会では、稀に質問の機会もあるが、これまた著者不明の原稿を、ひたすら棒読みするだけだ。質問自体、数年間行われていない議会すらある。

と、ここまで書いて、一つ忘れていることに気づいた。大方の地方議員に課せられた、重要な「お仕事」を。

それは、〝敵〟と戦うことである。

〝敵〟とは一体、何者なのか……？

首長か？　役人か？　はたまた他党の論敵か？

どれも違う。そんな立派な相手ではない。されどなかなかの強敵だ。

そんな命知らずがいるのだろうか？　我らが代表たるセンセイ方の真ん前に、豪胆にも立ちはだかるなんて。

その恐るべき〝敵〟の正体は――「睡魔」である。眠気と戦っているのである。

地方議会を傍聴してみるがいい。あるいはネット中継のある議会なら、サイトを閲覧してみるがいい。〝戦《いくさ》〟に敗れ、まどろむ議員を発見すること請け合いだ。それも幾人も……地方議会の実情は、この体たらくなのである。

議会がこういう調子ゆえ、地方議員の不勉強ぶりは目を覆うばかりである。否、この議員にしてこの議会ありというべきか。何にせよ、負のスパイラルが生じているのだ。

ルーピー総理、二重国籍、「ゲス不倫」……国会議員にも酷いのは多いが、やはり斯界の頂点だ。政策通も交渉上手もたくさんいる。平均して較べれば、地方議員よりはるかに上だといわねばなるまい。

筆者の知る代議士も、多くの点で傘下のセンセイ方を圧倒していた。資質からして異なっていたが、何よりその勤勉さの違いが、大きな差を生んだと感じられた。演説や勉強を地道に続ける政治家と、ゴマスリだけで「出世」を図る怠け者とでは、やはり差がつくのだと思ったものだ。

地方議員諸氏にも「政策通」や「政治通」をもって任じるお方が少なくない。が、筆者が知り得た範囲でいえば、総じて吹き出すようなレベルである。何しろ視野が狭いから、同僚・知人の中では詳しいというだけで、「世の中で俺より詳しい奴はほとんどいない」などと思い込む。日本には一億以上の国民がいて、政策通も政治通もごまんといることがわからないらしいのだ。

で、例えば「通」のお口から、こんな台詞がごく自然に飛び出すのである。

「一ドル百円が百十円になったら円高」

「吉田茂以来続く自民党（筆者注・吉田茂は自民党結党に参加していない）」

あろうことか、自治体の予算がいくらか知らないセンセイまで転がっている。教科書の記述にある通り、予算の決定は議員の職務であるにもかかわらず、だ。

いや、新人議員に至っては、予算の時期に役人が作ったペーパーを見て、初めて予算額を知る者も多いのではないか。

小池都知事に事前通告なしの質問を繰り出し、勝ち誇っていた都議がいたけれど、あれ、逆だったらどうなのか。都や政治の基本的な知識を問われ、満遍なく答えられる都議はどれだけいるか。初歩的な問いすら口ごもり、

「いや、そーゆーことじゃなくて！」

「いや、政治の現実は！」

などとたかぶって、自分の狭い体験談に話題をすりかえるセンセイが多いのではないか。ちなみにこの種のスリカエは、地方議員、新興宗教政治担当者、事務所を転々とする「プロ」秘書共通の〝特技〟である。

実を言ったら筆者は複数の新米議員に、その自治体の予算額を訊ねたことがある。「いやらしいことを……」なんて思わないで頂きたい。実態を把握しようとやむにやまれず訊いたのだ、一国民として。また、政界人（当時）のはしくれとして。

結果は案の定――もとい、意外にも、皆さんご存知なかったものだった。

よく駅頭で、

「この○○地区から日本を変える！」

などと大風呂敷を広げる候補者を見かけるが、彼ら彼女らにこう質問することをお勧めする。

「○○地区の一般会計っていくら？」

しどろもどろになって答えられない〝変革者〟である確率大であろう。

とにもかくにも地方議員の水準は、全体的に見て非常に低い。現状認識もできていないし、漢字が読めない者すら多い。日々新聞を読み、ニュースを追い、読書している一般国民の方が、圧倒的に知的レベルが高いと断言できる。

「地方議員とはいえ政治家だから、一応は政治のことを勉強しているはずだ」——こう誤解している方もおられるかもしれないが、それは買い被りもいいところだと声を大にして言いたい。

ざけんなよ！　都議会議員報酬

地方議会の醜状に続いては、気になるお財布事情である。

気楽な議会生活を謳歌している地方議員の収入は、いくらくらいなのだろう？

その前に国会議員の待遇を見てみよう。

国会議員は「歳費」を受け取っている。これが月額約百三十万円。加えて年額六百万円を超えるボーナスがつく。

これだけでも年に二千万円を超えるが、さらに〝第二の給与〟といわれる「文書通信交通滞在費」が存在する。使途報告が義務付けられていないため、「ポケットマネー」とも揶揄される。これが何と、月に百万円、年額一千二百万円も振り込まれる。「国の借金が一千兆円を超えて財政が危ない」などというのなら、まずこのカネこそ切り捨てるべきだろう。

「仕分けの女王」・蓮舫あたりに、文書通信交通滞在費と二重国籍議員の仕分けを期待したい。

で、我らが地方議員の懐具合は——。

まず、彼らがよく発する台詞から紹介しよう。

長くない。ごく短い一言だ。

「カネ、ネー（金、無い）」

聞きもしないのに「金の無さ」をアピールしたがるセンセイが、それはそれは多いのである。

例えば筆者は国会議員の秘書時代、ある都議から電話の第一声で、次のように切り出された経験を持っている。

「ざっくばらんに言うとさァ〜、俺カネねェんだよ」

また、都議になった途端、銀座通いと寿司屋通いを始めた某都議も、ほぼ毎晩かけてきた長電話の中で、毎度うそぶいていたものである。

「出ていくものが多すぎて、カネが無い！」

「毎月赤字で大変だ！」

前者は比較的善人で、後者は極めて裏表のある偽善者だ。両者の人格には差があった。しかし、金が無いことを強調する点は共通していた。

本当に、地方議員は貧窮生活を強いられているのだろうか。

度重なる出費に汲々としているのだろうか、地方議員は。

そういえば、後者のセンセイは、長電話の最後をこう締めくくるのが常だった。

「今度、奢るんで、高級ステーキでも……」

もちろん口先だけの社交辞令だ。お互い行く気が無いのは承知。事実、未だに実現していない。筆者も筆者で〈またか……〉と思いつつ、へらへら相槌を打っていた。よくある低級なやりとりだ。

その昔、民政党総裁を務めた町田忠治《まちだちゅうじ》という政治家は、その気もないのに「近日中にメシでも食おう」と言うのが口癖で、「キンメシ」なるあだ名を奉られた。某都議は町田の名前も知るまいが、バッジ族は大小問わず姑息な会話が好きらしい。

けれど、社交辞令はさておいて、この都議は実際に高級ステーキを満喫していた。土建業者に払わせることが多かったようだが、自腹でも通っていると吹聴していた。しかも前述した如く、銀座や寿司屋の常連でもある。

本当に貧しかったらそんな豪遊ができるだろうか。一般企業は交際費も抑える昨今だ。なのに、なぜ、「赤字に苦しむ」一都議に、酒池肉林の世界に浸るような真似が——。

前置きが、つい長くなった。本題に入ろう。

地方議員の場合、「報酬」をもらっている。

地方自治法第二百三条一項は、次の通り定めている。

「普通地方公共団体は、その議会の議員に対し、議員報酬を支給しなければならない」

そして四項で、

「その支給方法は、条例でこれを定めなければならない」

と規定する。

すなわち各自治体が、条例によって議員報酬を決めるということだ。

「条例」――。

地方公共団体が、独自に制定する法規だ。その条例を決めるのは、議会である。

「議会」――。

勘の良い読者なら、ここで不吉な予感がしたかもしれない。そう、議会を構成するのは議員である。つまり、あの地方議員諸氏が、自分たちの報酬を決めているということだ。

大丈夫なのだろうか？　膝の屈伸運動に勤しんでいると揶揄される面々に、自分たちの報酬額を決めさせて。しかも原資は税金なのに。会社員でも役人でも、自分の給料を自分で決定できるなら、そんなに嬉しい話はない。

手始めに、先に紹介したお二人が務める、東京都議会議員の報酬額は――。

ズバリ言おう。月額百二万二千円。約四百八十万円のボーナス込みで、年間一千七百万円超ももらっているのだ。やはり、大丈夫ではなかったのである。

そのうえ月額六十万円、年間七百二十万円もの政務活動費も手にしている。秘書給与はここから出されるのが一般的だが、地方議員の「政務活動」費なるものが、私的流用し放題であることは、かの〝号泣県議〟が証明してくれたところだ。事実、都議会でも、政務活動とは無関係の新年会費や雑談のための会合に、政務活動費を流用する事例が続出している。

「資料収集などに政務活動費を使う。政活費が減ると政策が立案できない」

　こうのたまうセンセイも見かけるが、寝言も大概にしろと言いたい。筆者は学生時代より、資料集めに狂奔しているが、その間一時期を除き貧乏暮らしだ。食費を浮かせたり、なけなしの貯金を切り崩したり、色々やって誰も読まないような資料を掻き集めた。その気になればそれこそ月数千円でもかなりの材料は集められる。まして議員なら、その立場を利用して、一般人には閲覧不能の資料にアクセスできることもあるだろう。公金を恵んでもらわなければ政策立案できないと嘆くこと自体、議員失格の証《あかし》である。

　しかも、都議の面々は、議会や委員会に出席しただけで、日に一万円〜一万二千円の「費用弁償」がつく。これは聞き慣れない言葉だが、要は交通費のことである。徒歩であろうと自転車であろうと、一万円以上の「交通費」をせしめているのだ。

　一千七百万円強の報酬に加えて七百二十万円の生活費、失敬、政活費。なおかつ一万円以上の交通費……「金が無い」はずの都議たちは、しめて年間約二千五百万円もの税金を、手中に収めているのである。

　国税庁発表の、平成二十七年分民間平均給与額は、都議のほぼ六分の一程度、四百二十万円だ。年収二千五百万以上の層に至っては、四千七百九十三万九千七百二十八人に及ぶ給与所得者の中で、わずか〇・二％、十一万七千四百六十三人しかいない。すなわちサラリーマンの九九・八％は都議より低収入なのだ。これでも「金が無い」というのだろうか。

さらにいえば、地方議員とて政治家だから、政治献金を受領できる。「大物」となれば何千万と集めるし、小物でもパーティーその他で数百万は集める。自分の「金づる企業」に筆者が出入りしていると知り、牽制の言葉を投げつけてきたセンセイもいる。

「出ていくものが多すぎる」

この〝愚痴〟が本当だとして、入ってくるものはそれ以上に多いのである。

ついでにいえば、

「献金と政活費で政治活動をまかなって、報酬は国会へ出るときのために貯金している」と噂される御仁もいた。身の程知らずの野心のために、「金が無い」ということなのか。

ちなみに都議を一期務めると、ウン千万は貯金できると見る向きもある。

おまけに政治資金規正法はザル法だ。地方議員の場合、五万円以下の使途は報告しなくてよいことになっている。自分で自分に献金し、還付金を受け取ることも可能である。一般社会の常識からしたら、夢の世界のお話だ。

「政治資金でいかがわしい店に行った」

「私物を買った」

等々不埒な所業がしばしば世間を騒がすが、報告書に記載分すらこれだから、未記載の使い道は推して知るべしだ。それに不正があっても訂正で済むし、税務署も来ないから、バレてもそのうちウヤムヤになる。

ともあれ、都議会議員は二千五百万円もの高給を手にしているのだ。専門技能や専門知識、特殊な才能も要しない、年に三十~四十日程度の議会活動——しかも大半の都議は無為に座っているだけ——でだ。これほどまでに楽な「仕事」を、筆者は寡聞にして知らない。

様々な利権、「議会枠」とも「政党復活枠」ともいわれる二百億円の予算……都議会には黒い噂が絶えない。しかし筆者は、都議の急所は利権でなく、高額報酬だと見る。

民間企業にたとえてみれば、利権は賞与や手当である。対して議員報酬は賃金だ。安定して(しかも楽に)もらえる報酬の「賃下げ」こそ、都議が最も恐れる事態だと思うのだ。

だが前述したように、議員報酬は議会が決める。いくら不当な額であろうと、おいそれと下げるはずがない。何しろ日に一万円以上の交通費さえ、言を左右にして先送りするのが都議会だ。自浄能力は期待できない。

ただ、ここにきて、一点の光明が見えてきた。小池百合子が都知事給与の半減を実現し、都議報酬は知事のそれを上回ることになったのだ。都議の一千七百万円(報酬のみ)に対し、小池は一千四百五十万円。二百万円以上の開きである。

小池の狙いが議員報酬の削減にあることは間違いない。身を切ることで問題提起を図ったということだ。「知る人ぞ知る」にとどまっていた都議報酬が周知となれば、反発もまた広がる可能性が高い。

そうなれば、さしもの厚顔・都議連も、重い腰を上げざるを得なくなるかもしれない。現に都議会公明党からは、「二割削減」案が出た。二割などとは物足りないが、減らさないよりはマシである。他会派も負けじと続いてもらいたいところだ。

また、この一件に関しては、「アンチ小池」の国会議員でさえも、小池の思惑通りに事が進むことを期待しているのではないか。都議報酬を現状でよしとする政界人は、それこそ当事者の都議たちと、都議志望者の区議、秘書くらいのものだろう。それくらい、都議の不相応な厚遇は、関係者の間で顰蹙を買っていた。

「首長と議会の二元代表制」――地方議員はこの言葉が大好きだ。なるほど議会も住民の代表で、首長と「対等」だ。だったら都議会も報酬を削減し、都知事と対等になったらどうか。

いや、「議員」でなく「議会」が首長と対等なのだから、都知事給与一千四百五十万円を都議の人数百二十七で割り、一人あたり年間十一万四千円程度でどうか。それなら完全に対等となり、相応の報酬ということにもなるのではないか。

「年間報酬十一万四千円」――一見、非常識な数字だが、都議会の実働時間は年間百～二百時間程度だろう。時給にしたら五百数十円から千百数十円だ。低すぎる額とは思えない。それどころか「膝の屈伸運動」の対価としては、高すぎるとさえいえるのではないか。公務員やサラリーマンの、おそらく一割にも満たない勤務時間で、一千七百万円以上もの報酬を得ていることの方がよほど非常識である。

とにかく都議の急所は報酬であると、繰り返しになるが強調したい。五輪、豊洲……都の問題は山積しているが、都議報酬から目を離してはならない。注目されないのをいいことに、高給をむさぼってきたのが都議なのだ。報酬以外の件が騒がれるたび、筆者の耳には都議の高笑いが聞こえてくるのである。

ヒマなのに高すぎる全国の議員報酬

都議会議員の高額報酬は見た通りだが、他の地域はどうなのか。都議が高いのは首都・東京だからか。全国的にはどういう状況なのだろうか――。

これがまた、すこぶる高いのである。

例えば愛知県議の報酬は、月額九十七万七千円、政務活動費は月五十万円。神奈川県議は報酬月額九十七万円、政務活動費は月五十三万円。大阪府議会は三割削減中だが、それでも月額六十五万一千円。この三割カットも平成二十九年三月末日で終了する模様だ。元へ戻れば月額九十三万円へと跳ね上がる。政務活動費は五十九万円だ。道府県は軒並み月七十万円を超える報酬で、八十万円、九十万円もザラである。

しかも高額報酬は、都道府県議にとどまらない。市議会議員クラスも高いのだ。

例えば横浜市議は月額報酬九十五万三千円、政務活動費五十五万円。同じ神奈川県の川崎市議も、報酬月額八十三万円、政務活動費四十五万円である。

政令指定都市の報酬はいずれも高く、最も低い新潟市で六十五万五千円。東京二十三区の区議会議員も、平均約六十万円程度の報酬を受け取っている。

これらの地方議会もすべからく、年間数十日しか日程がない。先述の都議と同程度か、それ以下の日数しか議会がないのだ。で、これだけの厚遇を受けているのである。

また、名古屋市議会においては注目すべき現象が起きている。地方議員なるものの、本質がよくわかる事例ゆえ、以下に紹介しておこう。

平成二十三年まで、名古屋市議の報酬は年額一千六百万円を超えていた。しかし名古屋市長の河村たかしが「半減」を図り、議会解散騒ぎの末、これを実現。議員報酬は八百万へと半減したのである。

ところが、五年が過ぎた平成二十八年三月――名古屋市議会は〝復讐〟に出た。報酬八百万では足りないと、一気に一千四百五十五万円へと増額させる条例案を可決。また元に戻ってしまったのである。

実に六百五十五万円、八二%のベースアップ――民間企業でこれほどの賃上げがありうるだろうか。わずかなベアにも手こずっている労働界は、名古屋市議の面々に、賃上げ闘争のやり方を聞くとよいかもしれない。

報酬引き上げ案を提出したのは自民、公明、民主の三会派だが、興味深いのは増額理由に
「八百万では生活が苦しい」
「金持ちしか議員になれなくなる」
との意見があることだ。報酬を生活費、選挙費用とみなす議員がいるのである。否、「いる」というより、ほぼ全ての議員がそう考えているだろう。議員報酬イコール給与、生活給という発想だ。

だが本来、「報酬」と「給与」は似て非なるものである。

千代田区長選でも話題になった、中央大学教授の佐々木信夫は著書で述べている。

「『報酬』とは非常勤の職員にその任務（サービス）の対価として支払われるもの。それは生活給として支払われる常勤職員の『給与』とは区別される。報酬は、勤務日数に応じて支払われるのが原則であるから、通常は日割り支給である」（『地方議員』）。

また、『大辞林（第三版）』によると、「報酬」とは「労働や物の使用などに対するお礼の金銭や物品」である。「アルバイトの――」との例文も載っている。

一方、「給与」は「勤務に対する対価」とあり、「労働」と「勤務」を区別している。念のため、『類語大辞典』もひもといてみたが、「報酬」の項に「給与」はない。逆もまた然りである。「報酬」と「給与」は類語ですらないのだ。

つまり「議員報酬」とは、議員の仕事に対する対価であり、それを「給与」と見る発想自

体、誤っているのである。

　まして、「金持ちしか議員になれなくなる」とは、見当違いも甚だしい。自分の意志で立候補しながら、その費用は税金に頼ろうというのか。現状でもポスターその他、ある程度の公費負担が認められているではないか。

　それに金持ちでなくても議員になっている者はたくさんいる。いや、秘書上がりの議員など、初めはたいてい金が無い。で、当選後にどんどんリッチになっていくのが通例だ。あるいは選挙運動員のバイト代がかさむから、金が足りないのかもしれないが、だとしたらそれは選挙違反である。

　いずれにしても、生活給でないものを、勝手に生活給だと思い込み、法外な値上げを強行する――これほどの暴挙も珍しいだろう。

「地方議会は土日・夜間開催にして、無報酬、または日当にすべきだ」

　こういう声も聞かれるが、それも当然の話だ。

　この意見には
「片手間で議員が務まるのか」

との反論もある。しがらみや意図があり、敢えて主張しているのかもしれないが、年に多くても五十日程度・それも一日数時間の仕事を過大評価し過ぎだ。現状とて集票活動が〝本業〟で、片手間に議会に出る議員が大多数ではないか。居眠り議員が続出しているではないか。むしろ土日・夜間開催論で心配すべきは、サラリーマン兼業の議員が生まれた場合、議会の悪弊を身につけ昼の勤務中に居眠りする癖がついてしまうことだろう。

日当制に関していえば、福島県矢祭町議会が、平成二十年から「日当三万」を導入している。政務活動費と費用弁償はゼロだ。それまで月額二十万八千円の報酬制だったが、議会に出席した日に三万円を支給する、という日当制へ改めたのである。

この改革を推進した町議は

「非常勤特別職である議員の報酬は、生活給ではありません。議会活動への対価であって、家族らを養うための報酬ではないはずです」（『トンデモ地方議員の問題』）

「議員活動は、高い報酬をもらわないとできないものなのでしょうか」（同）

と、全くの正論を展開している。日本語の理解も正しい。高い報酬をもらっていながら、議席で船をこぐ連中に聞かせたい言葉だ。もっとも仮に聞かせても、ニヤニヤしながら目配し合うだけかもしれない。大方の地方議員はそんな調子だ。

ともあれ矢祭町役場に問い合わせ、担当者の話を聞いてみた。

――日当制導入で何か不具合はありましたか？　報酬時代と比べ議会の質に変化はありましたか？

丁寧な応対だった担当者の答えは、

「いや……特に支障は起きていませんし、変わりはありません」

とのことだった。日当三万円にしても、政活費と費用弁償を無くしても、議会に特段の変化は無いというのである。

「報酬を安くすると優秀な人材が集まらない」などという珍説をたまに聞く。けれど、報酬が高かろうが安かろうが、政活費や費用弁償など無かろうが、議会の質は変わらないのだ。

ということを、東北の小さな町が証明したといえるのではないか。報酬と質が無関係ならできる限り安くして、他の有意義なことに税金を使う方が良いに決まっている。

「矢祭町だけの話で、他の議会はどうなるかわからない」との意見もあろう。が、予想にすぎない「安いと質が下がる」説と違い、一つとはいえ実例だ。サンプル数が少ないというのなら、他の議会も日当三万かつ政活費・費用弁償廃止にして、質が下がるか試してみればよいではないか。第一、べらぼうな高額報酬を山分けしている都議連の、あの質の悪さを見れば、報酬額と議員の質は無関係だと誰でもわかるだろう。

そもそも戦前の地方議会は無報酬で、知事も選挙でなく官選によって選ばれていた。「地方議員は無報酬」というのが本来の姿であったのだ。戦後になって報酬が出るようになったが、それが過ちであったことは、地方議員の引きも切らない不祥事と、無為の議会活動が証明している。

加えて地方議員は人数も多い。いや多すぎる。

例えば東京都は、一千三百数十万の人口に対し、百二十七名の都議がいる。

一方、国は、一億二千数百万の人口に対し、国会議員は衆参両院で七百十七名である。単純比較をすれば、国は東京都の約十倍の人口がいる。だが、議員の数は五・六倍しかいない。つまり、国会にたとえれば、衆参合わせて一千二百人くらいいる感覚なのだ。

「国会議員の数が多すぎる――」

巷間よく聞かれる意見だが、真に多すぎるのは地方議員なのである。

平成二十七年の統一地方選挙では、「無投票当選」が問題となった。道府県議選の無投票比率は過去最高の約二二％にのぼり、香川県では約三分の二の議席が無投票で決定。町村議選も同程度の割合で無投票当選者が出ている。

この現象は、しばしば「地方議員のなり手不足」と指摘される。だが、そうではなく、定数が過剰であることの表れではないのか。「議席の三分の二が無投票」などという異常事態は、「なり手不足」の一言では片づけられないと思うのだ。要は多すぎるのである。

地方議員の定数は、かつては地方自治法で上限が決められ、その枠内で条例によって定めるというものだった。しかし平成二十三年に、地方自治法の改正がなされ、上限が撤廃されることになった。極論すれば、定数一名だろうと千名だろうと、各自治体が条例で決められる仕組みとなったのである。

自分たちの当選確率を下げる可能性のある定数削減は、報酬と同じでセンセイ方が先送りしたがるテーマだろう。ぬるま湯につかっている面々が、「茨の道」を選択するとは考えにくい。

けれども、総定数の二割以上が無投票という状態が、放置されてよいはずがない。地方議会が知らんぷりを通すなら、国会が地方自治法再改正を断行し、定数の圧縮を図るべきではないだろうか。

「地方議会なんて必要ない」——筆者がこれまで何度となく耳にした言葉だ。そして、それはおそらく正しい言葉だ。だが実際問題として、地方議会は存在し、今後も残念ながら、存続していくのだろう。であるなら、無報酬・日当制の導入、かつ地方自治法再改正も視野に入れ、全国規模での大改革が必要であろう。

地方議員の総数は、全国約三万人。支払い総額は、約三千億円。また東京都議会は、百二十七人の都議に対し、支払い総額約三十四億円（人数×二千五百万+公用車費二億円で算出。議会費総額は約六十二億）。役人の給与や国会議員の人数ばかりが俎上に載せられる昨今であるが、筆者は地方議員の厚遇こそが、真っ先にメスを入れられるべき案件だと確信している。

これまで地方議員の呆れた実態について記してきたが、次のような反論もあるかもしれない。

「地方議員はヒマだというが、自分の知ってる先生は忙しそうだ。その証拠に、いろんな会合やイベントに顔を出している」

地方議員と直接の知り合いである人は、こう思っているケースが多いだろう。特に都市部では。

その通り、一部の地方議員は忙しい。「忙しい」の上に「超」がつくお方もいる。筆者の接した範囲でも、年に数日しか休みの無い議員がいた。前夜遅くまで会合で同席した某都議と、翌朝七時の町会旅行の見送りでまた会って、

「あ、ども……」

「あ、ああ……」

と、互いに素っ気なく挨拶したこともある。

こういう場合、戦友意識なども生まれそうなものだが、政界ではあまりそうならない。なぜなら、議員も秘書も「自分だけが来た」との状況を好むからである。

「〇〇先生だけが見送りに来た」

「〇〇先生の秘書だけが顔を出した」

という方が、〝希少価値〟が出てくるとの思考回路だ。党、あるいは国会・地方といった所属先は関係ない。とにかく「自分一人」がよいのだ。だからお互い「一人」でないことが面白くなく、「素っ気ない」態度をとってしまうのである。それぞれの人格の問題もあるか

もしれぬが……。

しかし、「一部」と限定していても、「地方議員は忙しい」などと述べると、都議会さながらのヤジも聞こえてきそうだ。

「ジェラシーむき出しで『地方議員はヒマだ、報酬は高過ぎだ』なんて煽っておいて、なんだ」と。

だが、その前に、本章のはじめに掲げた「地方議員の仕事①」を思い出して頂きたい。

地方議員の仕事①「議席維持の集票活動」

「議席維持のための集票活動」

そう、次の選挙で当選するための、地元回りで多忙なのだ。一部の地方議員は。先に挙げた見送りの件など、その典型的な例である。とはいえ、あくまで激戦区の都道府県議クラス限定の、「一部」ではあるけれど。

ここで、大半の地方議員にとっての「本業」である、地元回りの年間スケジュールを眺めてみよう。地方議員に限らず国会議員、特に衆議院議員にも通ずる「政治家の一年」である。所属政党により違いはあるが、通常、地方議員の一年は、暦《こよみ》通り元日に始まる。地元神社の元旦祭への出席だ。可能な限り、複数の神社を飛び回る。正月早々、街頭演説のマイクを握ったり、宣伝カーを回したりする議員もいる。

一月には他に新年会、もちつき大会なども目白押しだ。選挙区によっては、一月だけで百件以上の新年会に出る議員もいる。本人、秘書、時には家族も動員し、その一つ一つに顔を出すのだ。町会や商店街、神社などの新春旅行も多いから、出発時間に見送りへ向かうこともある。早朝、朦朧《もうろう》として集合場所へやってくるセンセイが、参加者＝有権者を見るや覚醒していく姿は集票への執念を感じさせる。と同時に、本業の議会活動も真剣に、と言いたくもなる。

二月に入ると節分があり、新年会も続く。この稿を書くにあたって筆者は秘書時代の手帳を引っ張り出して見てみたが、例年一月、二月の日程は、二百五十件を優に超えていた。地方議員も、激戦区は皆似たようなものだろう。

三月に入ると新年会はほとんど無いが、代わりにお花見や祭りがある。四月、五月を迎えると、花見に加え町会や各種団体の総会が開かれる。五月から六月にかけては神社関係の行事も多い。

七月にはスポーツ関係のイベントが催され、八月には盆踊り。九月は防災訓練に始まり神社の祭事がいくつもある。

十月、十一月は各種団体の例会だ。「スポーツの秋」ゆえスポーツ関係の催事も少なくない。

十二月にはもちつきと忘年会。筆者は町会の大掃除も手伝っていたけれど、さすがにそこまでやるバッジ族はいなかった。とはいえ、若い議員などは、地元町会の大掃除に参加する者もいるだろう。大晦日には神社を回り、境内の焚き火を前に新年を迎える。そして仮眠をとった後、数時間前に行ったばかりの神社へまた向かうのだ。

大まかにいって議員の年間地元スケジュールはこんなところだが、他にも自党の系列議員の会合や、敬老会、フリーマーケット、冠婚葬祭などがある。消防団の会合や、旅行の見送りも時期を問わずにある。年によっては各種選挙もある。

しかもこうした日程は、案内通知が来るとは限らない。情報を得るためこまめに聞いて回らなければならない。また、情報収集とは関係なしに、自分をアピールするための戸別訪問も必要だ。田中角栄は選挙の秘訣を「戸別訪問三万軒・辻説法五万回」と喝破したが、これは全くその通りで、戸別訪問をやればやるほど人の顔と名前を覚える。顔と名前を覚えれば、自分の会に来てくれる確率がぐんと高まり、細かな地域事情も教えてくれるようになる。だから激戦区の議員はイベントの無い日でも、戸別訪問に精を出していることが多いのだ。

さらに、地元への浸透度と比例して、陳情を頼まれる機会も増す。そんなにしょっちゅうあるわけではないが、複数の陳情がほぼ同時に舞い込む場合もある。内容によっては現地調査や役所への問い合わせが必要で、手間がかかるケースも少なくない。成功すれば確実に票になるけれど、しなければ票を減らす羽目になる。

筆者の知る某区議は、陳情に失敗したせいで、最重要の支持者を失った一人だ。有力後援者から息子の越境入学を頼まれた某区議は、数か月間、何もせず放置。進捗を問われて慌てて動くも、時間切れで失敗に終わった。悪いことには陳情者の隣人が、役所の窓口で頼んだだけで、同じく越境入学（学校も同じ）に成功したのだ。

その結果、区議の会で司会を務めるほどの幹部であった陳情者は、司会どころか会にも参加しなくなった。

いわく、

「いや〜なんか応援するの馬鹿らしくなっちゃってさぁ〜。『あの区議の会に行く』って家族にも言いづらくなっちゃったし」

先頭に立っていた支持者でさえ、陳情をしくじると——しくじり方にもよるが——離れていってしまうのだ。ちなみに某区議はその後引退している。

と、こういう過酷な日々の合間を縫って、議会に出席しているのである。主として都市部に多い激戦区の地方議員は。

センセイ方の口癖である、

「忙しい、忙しい」

の意味するものは、地元回りが忙しいということなのだ。

「これだけ多忙なら高額報酬でもかまわないのではないか」

と思われる向きもあるかもしれない。なるほど地元回りは大変だし、会合に出れば会費もかかる。中には会費以上の金額を要求してくる団体もある。好々爺とされる町会長が、

「アイツは議員のくせに会費分しか払わなかった」

などと憤ることがあるかと思えば、

「○○は会費五千円のとこ一万持ってきたよ〜当然だよね？」

などと催促してくる町会長もいる。本腰を入れて地元を回れば、たしかに出ていくものは多いのだ。

けれど、この種の地元回りは、式典等の公務を除けば、集票のための活動である。議員としての活動ではなく、議員の立場を維持するための活動なのだ。いわば〝就職活動〟であり、それと議員報酬を絡めて論じるのは筋違いである。

多くの都議は「意見交換をした」との名目で、新年会費を政務活動費に計上している。だが、そうした場でなされる会話とは、

「○○さんはうるさいから挨拶に行った方がいい」

「AとBは仲悪いから、注意した方がいい」

といった噂話や自己宣伝が主であって、「意見交換」などと呼べる代物ではない。新年会シーズンには一か所数分（時に数秒）で退散し、昼夜四十件以上の会合をハシゴする日もある。そんな調子で「意見交換」などできるはずもない。

それどころか「公務」たる議会をすっぽかし、地元イベントに参上する議員もいる。しかもエリア外の地域のイベントだ。

「エリア外」――聞き慣れない言葉かもしれないので説明しておこう。

総じて地方議員の選挙区は、衆議院と違って大選挙区（中選挙区）だ。一つの選挙区から複数名が選ばれる。定数三人以上くらいになると、同一政党からも二人以上の公認候補が出馬する。

例えば定数八の選挙区なら、同じ党から三名程度の候補者が立つ。その場合、警戒すべきは共倒れだ。だから政党内部で話し合い、出身地などを基に選挙区を三つのエリアに分割する。潰し合いを避け、それぞれ当選できるようにとの知恵である。

その党の選挙区における総得票が六万、当選ラインが二万として、三人とも二万票なら皆バッジを付けられる。が、一人が三万とってしまうと、誰かが二万を切り、落選することになる。そうならないためにエリア分けをするのだ。

無論、境界線上は「無法地帯」に近いし、ピンポイントの戸別訪問は全域でやるのが現実だ。バッジに目がくらんでいる面々のこととて、厳密に守られるはずもない。だが、ライバル地盤のど真ん中のイベントに行くような、露骨な真似は滅多に無い。

ところが野心満々の某都議は、この「滅多に無い」真似を平然とやった。エリア外の神社の祭事に出席し、名刺を配って回ったのだ。しかもその日都庁では、都議会本会議が開かれていた。本職・議会も何のその、自分の〝就職活動〟を優先したのである。かわいそうに、そのエリアを地盤としていた都議は、真面目――実際は寝ていたかもしれないが、文脈上「真面目」にしておく――に本会議に出ていたにもかかわらず、「アイツは地元なのに来なかった」などと理不尽な陰口をたたかれたそうだ。この有権者にしてこの議員あり。改革が望まれるのは議員だけではない。

地方議員の仕事②「利権漁り」

「地方議員の仕事①」に触れたから、続いて②も述べてみよう。「利権漁り」についてである。第一章で、「都議会のドン」の利権につき述べたので、ここでは筆者の垣間見た〝黒い噂〟を紹介しよう。

地方議会には、あまたの自営業出身者が存在する。議員秘書出身者と並び、中小企業や小売店の経営者が多いのだ。

自営業者がバッジを付ける背景として、地元に根差している点が挙げられる。なにも商売の面に限らない。町会や商店街、消防団、神社関係……これら地域の団体は、主として自営業者の集まりだ。そうした人脈の中の野心家が、議員先生へと〝出世〟を遂げていくのである。

この種の地方議員には、「議員」の立場を商売に生かそうとする者もいる。いや、それが狙いでバッジを欲したセンセイもいるのだ。

例えば都内某区にある、かなり大きな葬儀場。ここを手掛けたのは地元区議の会社である。内情を知る関係者の話では、当初、斎場は別の地域に造られる可能性が高かったという。しかし某区の「ボス区議」が、持ち前の口八丁手八丁、手練手管を発揮。某区に建設される運びとなった。ボス区議は鼻高々で、息のかかった業者を工事に加えようと腕まくりしていた。

ところが蓋を開けてみると、落札したのは区議会の一方の雄がオーナーである土建屋だった。しかも一方の雄は、事業誘致の〝功労者〟たるボス区議に、事前に話を通さなかった。仁義を切らなかったのである。

「あの野郎、やりやがったな！」

ボス区議は激怒し、元々良好ではなかった両者の仲は修復不可能となった。その後、一方の雄は「新ボス」へと成り上がり、元祖・ボス区議との対立は日に日に激化、会派が真っ二つに割れる騒ぎにまで発展した。ちなみにその際役所の議員控室に壁を建て、税金から二百五十万円拠出している。

新ボスの会社は技術に問題があるとの噂があった。なんでも同社が造った家屋は雨漏りするらしく、「雨漏り○○（会社名）」と揶揄されていたほどだ。

環状道路の工事では、

「あそこがやった所は地面が少しへっこんでいる」

と囁かれ、雨天に水たまりができるかどうか、確認しにいった暇人までいる。

しかし、そんな拙い「雨漏り○○」は、しばしば公共工事に従事している。言うまでもなく、新ボスの力である。

その区議は「ボス」のわりに駆け引きが下手で、会派内の抗争では、元祖・ボスに押されていた。

「あの人のやり方じゃダメだ」

「あれでは元祖・ボスに勝てない」

〝子分〟の区議や役人も、未熟な腕を陰で馬鹿にしていたものだ。

が、お粗末な政治手腕と裏腹に、瞠目すべき〝営業手腕〟で仕事をかっさらっていたのである。

新ボスの同業者が
「奴は仕事とるために区議やってんだよ！　議会でどうのこうのなんて、本当はどうだっていいんだよ」

と嘆くのを聞き、筆者も妙に納得させられたものである。

〈なるほど、区議会のボスになったところで空しい。それより利権を漁った方が、よほど実利がある〉と。

この某区には、看板にまつわる「怪談」もあった。

ある日のことだ。筆者は某区議から連絡を受けた。本書の登場人物には珍しく、その先生は区議らしからぬ誠実な人格の持ち主だ。

人格者は丁重な口ぶりで切り出した。

「看板屋さんを紹介してもらいたいんですけど……」

議員の看板。「○○事務所」「○○連絡所」などと議員名が大きく書かれた、あの立て看板だ。

だが、その区議もすでに看板を立てている。新品に代えるのだとしても、なぜ当方に……。

以前に頼んだ業者が潰れてしまったのだろうか。

筆者の疑問を察したか、人格者は続けた。

「実は、この区で看板を頼むと、最終的に必ず○○先生の会社に受注されるらしいんですよ。ちょっとそれが気味悪くて……」

「○○先生」――。人格者の同僚たる区議会議員だ。中小企業を経営しており、その会社では各種看板も扱っている。

で、その区で議員の看板を発注すると、下請け、孫請け、ひ孫請け……と続き、どこに注文しようが必ず「○○先生」の会社が施工する仕組みになっているというのである。

業界内で、「議員の看板に関しては、あそこで」との〝合意〟がなされているのだろう。無論、「そのかわり、別の件はこちらで」という条件付きに違いない。ひょっとしたら役所の関与もあるかもしれぬ。結局、人格者区議は区外の業者に発注し、新たな看板を手に入れた。

「アイツ、いつの間に……」

「○○先生」の方も、真新しい立て看板を発見し、気味悪がっていたかもしれない。

五輪施設の見直しをめぐり、小池百合子が「黒い頭のネズミがいっぱいいる」と発言すると、なぜか過剰反応する都議が続出した。身に覚えがあるのだろうか。そういえば、ネズミの正体を問い質した一人は、

「選挙のときに演説会場へ向かうと、土建屋が二百人くらい出迎えにくる」

などと誇示していたものだが……。

ともあれ、都議会ばかりでなく、区議会にもネズミはたくさんいるのだ。全国約千七百の地方自治体の中に、いったいどれだけのネズミがいるのだろうか。

地方議員の仕事③「政局&陰謀ゴッコ」

既述のように、地方議員の前職で目立つのが、自営業者と議員秘書だ。自営業出身者に触

れたので、続いて秘書上がりの地方議員について述べてみよう。

秘書出身の地方議員を論じることは、「地方議員の仕事③」に言及することにもなる。すなわち秘書上がりは「政局&陰謀ゴッコ」がお好きなのである。

まず、秘書の実態を触れておこう。

議員秘書――なかなか評価の分かれる職業だ。

「他人の名前で飯を食う使い走り」と蔑視する人がいる一方で、「世間ズレをしている海千山千」との〝肯定的〟な印象を持つ人もいる。

政治の、いや世の中の裏表を知っていて、清濁併せ呑む、いささか態度のデカい切れ者……一部で抱かれているこうした秘書のイメージは、おそらくかつての田中角栄秘書・早坂《はやさか》茂三《しげぞう》、近年の小泉純一郎秘書・飯島勲《いいじまいさお》がつくり上げたものだと思われる。実際、彼らの真似をしている秘書もいるし、同僚・先輩に彼らの真似をするよううけしかける秘書もいる。

だが、筆者の印象では、秘書とは案外世間知らずが多い。特に、学校を出て（あるいは在学中から）すぐに秘書となり、そのまま一般社会を経験せずにいる者は、その傾向が強い。

普通の会社であれば研修等、入社直後に社会人としてのマナーを叩きこまれるのが一般的だ。業種に関する知識および慣習も、短期間で最低限のことは覚えさせられるであろう。

顧客から問い合わせがあった際、

「新入社員だからわかんないんですけど」

などと答えていたら、その会社に未来は無い。規模の大小問わず一流の会社なら、アルバイト人員にもきちんとした教育を施すものだ。試用期間を経て形式上は「一人前」になったとしても、企画書一つ書けなければ、真に一人前とはみなされない。それが当たり前である。

ところが議員事務所には、そうした研修制度は無いのが普通だ。そのため——筆者も人様のことを言えたものではないが、自分を棚に上げて言わせてもらえば——一般常識に欠ける者が珍しくない。

例えば
「雇用保険料は事務所が毎月プールして、退職時にまとめて払う」

「SE（システムエンジニア）って何だ？」

などという言辞が飛び交うのも議員事務所ならではだ。

政治に関心など無かったノンポリが、運命のいたずらで政界に流れ着いた例もままあるし、新聞を読まない秘書も少なくない。「公設秘書」「秘書官」といった肩書をお持ちでも、素性はフリーター崩れや就職失敗者の成れの果て、というケースもザラにある。

だから秘書同士の会話では、その日の朝刊に書いてある事柄を、

「俺の情報網に引っかかったんだけど……」

などと極秘情報の如く話す手合いがいても、その場の半数は気づかない、ということもあ

る。筆者はかねて、「職業と知識と興味は必ずしも連関しない」との独自の見解（偏見？）を持っているが、秘書経験を経てその思いをより強くしたものだ。

選挙になると、社会人のボランティアが手伝いにくる。彼らは秘書の生態を、〈どんなものか〉と観察している。普通の会社員とは趣《おもむき》が異なる職種ゆえ、興味がわくのだろう。その視点は概ね冷静かつ公平で、時に厳しい。まさに岡目八目だ。

彼らは秘書と行動を共にする中で、次第に気づく。

〈おや？　思ったほど……〉

時事問題はロクに知らないし、これといって特長も無い。会話の節々から妙なハッタリも感じられる。「裏工作」での大活躍を匂わせてはいるものの、表の仕事はボランティアの方がよくできるくらいだ。

〈……〉

日増しに疑問が増幅していくうち——彼らは目撃してしまう。社会人失格としか言いようのない、以下のような人たちを。

みんなが汗だくで頑張っている中、ふと姿を消しエアコンの効いた車中でお昼寝（アイマスクまで用意！）。夜も夜でまた消えて、落選後に備え別の事務所へ売り込みに走る「プロ」秘書。

夜な夜なボランティアの作業場に
「ただいまァ」

などと参上し、作業中の男性の耳元で
「ネー！　ネー！」

と叫んだり、むやみに手に触ってきたり（一晩に何十回も！）、セクハラまがいのちょっかいを繰り返す女性秘書。

「ここで選挙わかってるのはセンス抜群の俺だけだ」

「秘書って大変なんだよ？」

などと上から目線でモノを言ってくる人たちの、こうした醜態を目の当たりにし、疑問は嘲笑まじりの結論となる。

〈この程度か（笑）〉と。

「あの人、選挙を出会いの場だと勘違いしてるじゃないスか……何期も務めた大物都知事の秘書っていっても、あんなもんなんですねえ？」

筆者はあるボランティア（セクハラ秘書が持ち場を離れハシャギ回っていたせいで、清算ができず帰宅が遅れる羽目にあった）からこう切り出され、笑ってごまかした経験を持つが、そのやりとりを横で聞いていた方々も、蔑むような薄笑いを浮かべていたものだ。

ちなみにくだんのセクハラ秘書は、男性ＳＰへの一方的長電話でも勇名を馳せていた。物好きな後輩の試算によれば、電話代は累計ウン十万円に達していたそうな。社内で傍若無人に私用電話を乱用し、それが社外で噂になる——普通の会社にそんな社員がもし居たら、即クビだろう。

当の候補者は、こういう秘書の所業をあまり知らない。薄々感づいてはいても、詳細は把握していない。娘のような齢の秘書がセクハラ&長電話に夢中だなんて知らないし、時に精算金を投げつけることも知らない。タバコを吸っていることも知らない。

秘書も七色の顔を使い分け、候補者やその家族、先輩や有権者の前ではよそ行きの厚化粧を整える。「上」の姿が見えなくなると、塗りたくった化粧を即座に落とし、醜く大きな顔を晒すという案配だ。

この種の世渡りに取り憑かれ、常識を身に付けぬまま馬齢を重ねて十数年、ともすればウン十年——その結果、処世術のみを能力の尺度だと錯覚した、小賢しいカバン持ちが出来上がるというわけだ。

いささか脱線してしまったが、要は早坂や飯島の如きヤリ手——両者とて、弱小事務所で同様に活躍できるかははなはだ疑問だが——は少なく、非常識・役立たずが結構いるのだ。秘書なるものは。

不幸にも、

「ヤワな奴には務まらない、大変な仕事だッ」

「この世界っつーのは……」

などと胸を張るナルシスト秘書に遭遇してしまったら、

〈どうせ、所属事務所とその近辺の雰囲気に慣れただけで、調子に乗っているのだろう。ヨソじゃ通用しない奴だろう〉

と当たりをつけ、三歩くらい引いて接するとよい。

で、秘書上がりの地方議員――。

スズメ百まで踊り忘れず。やはり、小賢しいセンセイ方が目に付くのである。

秘書の中で、議員志望者は半分程度であろうか。「チャンスがあれば考える」という層を含めれば、その割合はもう少し上がるかもしれない。

一部、下剋上の如き形も存在するが、大方の場合、秘書の出馬は親分の庇護下という形をとる。大将たる国会議員を支える足軽の役目というわけだ。

はじめ区議・市議クラスでスタートして、順調にいけば都道府県議へと「昇進」。事と次第によっては国会議員、または首長へとのし上がる――これがバッジを夢見る秘書たちの、出世の双六である。いきなり国会へ出てしまう実力者・強運の持ち主も稀にいるが、たいていの秘書はそんな力も運も無く、区議・市議から始めて徐々に駒を進めていく。

上を目指すにあたっては、様々な障害物が立ちはだかる。その一つが「大将」だ。つまり、自分が仕えていた国会議員が邪魔になってくるのである。ここで、国会議員とその秘書出身の地方議員との関係について、説明しておこう。両者の微妙な関係を。

地方とはいえ「議員」の肩書を手にした秘書は、傍から見ると滑稽な、妙な自信をつけ始める。すなわち、

〈俺の政治力が長けているからこそ、政治家になれたのだ〉

という過信だ。〝政治力〟なるものの実態は、先述した通りのつまらぬ処世術でしかないのだが、ご当人はそう考えない。天狗と化してしまうのである。

一介のカバン持ちがバッジを付け、「先生」と呼ばれ出す。日に日に鼻は高くなり、

〈俺だって政治家だ〉

と、大将と自分を同格と見るようになる。そしてその増長ぶりを、親分の方もひしひしと感じ出す。

もとより国会議員も

〈所詮、アイツは俺の秘書だ〉

との意識が抜けないから、先生呼ばわりされて悦に入る、元使い走りを疎んじ始める。

〈俺のおかげで議員になったくせに、調子に乗るな〉

という心境だ。会社でも、多少の好成績をあげた程度でいい気になっている元部下を、苦々しく眺める元上司がいるだろう。あれとよく似た光景だ。

そこへ有権者も絡んでくる。もともと秘書出身の地方議員は、ボスの代理を務めることで、

地元に顔を売り、議員の座を得る。しかし秘書が一旦バッジを付けると、その図式が変化する。「親分の支持者に代理で接している」のではなく、「俺の支持者と接している」という新段階へと変わっていくのだ。

他人の名前で飯を食っていた人間が、一丁前に「先生」と呼ばれ、事務所を構えてパーティーを開く。そこに来る人々は、国会議員の支持者と被る。大将と足軽が、兵糧＝支持者を共有する形になるわけだ。たとえボスの意志で出馬させた経緯があろうと、元秘書のこうした「議員ゴッコ」は親分の目に「生意気」と映る。

しかも、地元への浸透度という点については、地方議員は国会議員よりも深い。薄く広くにならざるを得ない国会と違い、地方は深く狭く地元を回る。有権者の側も、「雲の上」たる国会議員の先生方より地方議員の諸君の方が、遠慮せずに付き合える。だから親分のパーティーに顔を見せない地元民が、子分のそれには出席する、といった現象も起きる。こうなると、ボスの頭に血が上る。

〈あの支持者と知り合ったのだって、元はといえば俺の秘書をやっていたからではないか！〉

無論、表面上は平静を装う。かえってお褒めの言葉を投げ掛けたりする。が、内心は爆発一歩手前だ。

子分の側も、親分の怒りを本能的に察知する。で、こちらも表面上は、何も気づかないフりをするが、肚の底ではほくそ笑む。

〈俺の方が動員力があるではないか〉

また、国会議員には、全ての地方議員を平等に扱わねばならないとの不文律もある。誰かを特別扱いしようものなら、他の議員が選挙の際に手を抜く事態になりかねない。いや、ごくごく一部の良識派を除き、どのみち地方議員は国政選など本気で取り組まないのだが、えこひいきをすると手抜きの口実を与えてしまうことになる。「差別」に乗じて「アイツばっかりひいきするなら、集会で動員しない」などと露骨に嫌がらせをする性悪《しょうわる》もいるのだ。

そうした観点からすると、秘書出身議員は厄介な立場にある。実際の師弟間は半ば「冷戦」状態にある場合でも、同僚議員は絶えず疑いの目を向けるのだ。

「奴は元親分の国会議員から、裏でテコ入れされているのではないか」

それゆえ国会議員は自分の秘書出身区議・市議が都道府県議に出ようとしても、必ずしも積極姿勢を見せない。

「テメエの秘書だったから推すのか」

などと見られ、自分の選挙に不安要素が生まれたら元も子もないからだ。「議員」はすべからく己の選挙が第一なのである。

逆に、元秘書の立場からしたら、

「秘書として支えたのに応援してくれないのか」

と不信を抱く。近親憎悪のスパイラルだ。

……全てがそうだとは言わないが、国会議員とその秘書出身の地方議員との関係は、こうした緊張関係にあると見てよい。「あの地方議員は○○の秘書出身だから、○○には忠実だ」といった見方は甘い。主従間は一筋縄ではいかないのである。

ここいらで、少し本筋を離れ――ある台詞について言及しておこう。

区議・市議が都道府県会を、あるいは都道府県議が国会を目指す際、しばしば聞かれる以下の台詞だ。

「区・市議会（都道府県会）の役割に限界を感じた」

しかし、これは言うまでもなくウソである。区議・市議より都道府県議、都道府県議より国会議員の方が、社会的地位も収入も高いから目指すわけであって、役割云々など後付けにすぎない。

そもそも本当に限界を感じたのだとしたら、各議会の仕事の範囲を理解していなかったことになる。市会や区会で国会の如き仕事ができると思っていたのだろうか。思っていたならその一点だけで議員失格もいいところだ。

〝議会ムラ〟の懲りない面々

話を戻す。秘書上がりの地方議員の典型を、実例を挙げて見てみよう。

都内某区の「ホープ」を自称する、若手区議会議員——。学校を出るや秘書となり、さらには〝天下の区議会議員〟へ羽ばたいた「エリート」である。

まばゆいばかりの経歴とはいえ、〝栄光の座〟を掴むまでにはそれなりの苦労もあったそうだ。親分が出馬にいい顔をしなかったらしいのである。

彼は「あんなこと言われた、こんなこと言われた」等々些細なことをあげつらい、大将に含むところを持っていた。親分でなく、何かと面倒を見てくれたという引退した元都議に、憧れと忠誠心を抱いていた。

過去のいきさつを聞いた筆者は
〈大将の秘書をやったおかげで立候補にこぎつけられたのに、身勝手なものだ〉
とは思ったが、ちょっぴり同情したのも事実である。師弟関係は難儀なのだ。

さて、ブログだかフェイスブックだかによれば、この区議は次に掲げる立派な思いで政治をやっているそうだ。

「私は、正直者や真面目にやっている人が、報われる社会を作っていかなくてはいけないと思い、日頃から議員活動を行っています」（筆者抄訳）

さすがは「ホープ」。言うことが違う。「正直」「真面目」を重視するあたり、誠実な人柄も窺わせる。実際、このセンセイへの周囲の評価は、「頭は良くないが、人は好い」というものが多かった。

だが、この区議は「別の顔」を持っていた。自分のちょこざい立ち回りを、事あるごとに裏で自慢するのである。

筆者も自慢につき合わされたクチだが、目玉が飛び出そうな勢いでまくしたてるその様は、異様としか表現できないものだった。言わずもがなだが、そうした顔は一部にしか見せない。「ホープ」を可愛がっている恩師も社長もその顔を知らない。知ったら卒倒するだろう。

彼の属する会派は内部が二派に分かれており、不毛な対立を続けていた。「ホープ」は両派の間をチョロチョロ泳ぎ、

「ボクは両方と上手くやっている」

「両派ともボクが味方だと思っている。誰も気づいていない」

などと自分の八方美人ぶりを自賛。自慢のために、わざわざ電話してくるのである。「頭が悪い」「小物」との評価を覆そうとするかのように。

もちろん全て見透かされ、人畜無害ゆえ放っておかれているだけだ。が、それに気づく期待の星ではない。

興奮した口調で同じ話を繰り返し、最後に念を押す。

「ボクだからこんな真似ができるんですからね?」

そこには「正直者」の面影など無かった。「寝業師」だと思われたくて仕方がない、独り

よがりで小狡い若造がいるだけだった。

しかもニュースサイト『エコニュースR』（平成二十七年六月二十八日）によると、「ホープ」はあくどい手法で「節税」に勤しんでいるらしい。自分が代表者の政党支部に、自ら寄付して税金控除を図るという、先にも触れた脱法行為に励んでいるのだ。

税金をくすねていながら「正直者が報われる社会をつくる」とは笑わせる。「正直者が馬鹿を見て、狡い者が報われる社会をつくる」に訂正すべきだろう。

ついでにいえばこの区議は、初出馬の際に陣中見舞いをめぐってトラブルを起こしている。知人から十万円受け取るも、お礼も言わず
「あれ？　言いませんでしたっけ？」

と居直ったのだ。いささかうるさいその知人は、

「バッジを付けたら急に態度変えやがって！」

と激怒。しかし「ホープ」はどこ吹く風で、陰では
「十万くらいでうるさいんだよ」

などとうそぶいていたという。他の献金者に対しても、「～円くらいで……」と思っていたのだろうか。

親分に対して不信を潜め、小賢しさを誇り、金に汚い……三拍子そろった「ホープ」だが、秘書出身者に多い〝陰謀体質〟の持ち主でもある。さりげなく人の印象を悪くするのが得意

なのである。

筆者が街頭演説の準備をしていたときだ。この区議が合流し、続いてメディア関係者が顔を見せた。

「ホープ」と関係者が話し出し、ややあって不穏な雰囲気となった。どうやら関係者が誰かに怒っているらしい。

そのうちに、聞き慣れた固有名詞が聞こえてきた。筆者も知る某氏の名前だ。耳をダンボにして聞いていると、関係者が誤解に基づき某氏に怒っているとわかった。

筆者は「ホープ」がどう答えるか興味を持った。というのも、某氏は彼が
「世話になっている」

と公言している人物だからだ。世話になっている人が、誤解に基づき非難されている――人間性を測るに格好の状況だと考えたのである。

〈誤解を解こうとするか、それとも……〉

筆者はビラをまとめていたが、意識は耳に集中していた。

すると「ホープ」は、さながら出目金のように目玉をひん剥き、口を開いた。

「む、昔からいる……昔からいる……」

一瞬
〈はて？〉

と思ったが、すぐに「出目金」の底意が掴めた。過去にも似たようなことがあったからだ。〈ああ、某氏のメディア人脈を切りたくて、誤解させたままにしたいんだな。さりとて筆者も聞いているし、同調するわけにはいかないから、曖昧に答えたんだな〉

ちなみに「昔からいる」なる奇怪な言辞は、某氏が以前からその地区の政治界隈に出入りしているとの意味である。

筆者はこの一件で、「ホープ」に残念な気持ちを抱いた。小賢しさ自慢は辟易半分・面白半分で聞いていたが、こちらは面白くも何ともなかった。関係者が去った後、「してやったり」とばかりにニヤニヤする彼を見て、何とも鼻白んだものである。

「世話になった」人が誤解されてもそれを解かず、何かと有益そうなメディア人脈を独り占めしたがる――まさに「ザ・区議会議員」である。

「過去にも」と記した通り、この種の〝小さな陰謀〟を、「ザ・区議」は何度も弄している。よく「若い議員は純粋」との意見を見かけるが、私見によればむしろ逆。「ホープ」に限らず、あざとい世渡りで「能力」を主張したがる若手は実に多い。

この区議が生来の〝陰謀家〟かどうかは知らない。学生時代は真っ当だったかもしれない。が、社会経験無しに秘書となり、そのまま世間を知らずに過ごすと、こんなことばかりやる人間になってしまうのである。

「ザ・区議」は筆者にもよく媚びてきて、

「知恵を貸してください」

などと歯が浮くような台詞で助言を求めてきたものだ。一応は真面目に答えていたが、助言が実行されることは無かった。もとより聞く気が無かったのか、筆者のアドバイスが悪かったのか。おそらくその両方であろう。

そういえば、「ザ・区議」は同僚女性区議のお尻に

「タトゥーがある！　タトゥーがある！」

と騒いでいた。何で知っていたのだろう？

区議会議員とくれば、次は都議会議員――。

「藤原紀香が相手でも勝てる」

と、変な例えで選挙の強さを誇っていた某若手都議について述べてみよう。「カネが無い」と言いながら、高級ステーキをむさぼっていた前出のセンセイだ。彼も秘書出身である。某都議は学校を出てすぐに秘書となったわけではない。が、〝陰謀体質〟は、社会経験無しの議員も裸足で逃げるほどである。

いや、正確に言うと、某都議にも社会経験は無い。約十年の司法試験浪人を経て、前任でもある縁者のコネで秘書となり、その後縁者の後継者として都議になったからである。筆者が漏れ聞いたところでは、秘書になるとき話をつないだ人物を、のちに陥れているらしい。

その人物は未だに怒り狂っているとの話だ。

某都議も初陣の際、大将が出馬に前向きでないと不満げだった。

「地域事情がわかってない」

「親分はS氏が地元の最有力者だと思い込んでいるが、S氏にはもう力が無い」

表向きは仲良く写真に納まっていたものの、裏では毎日のように大将批判を展開していた。秘書になる以前、彼は親分の対立候補に投票していたそうだから、元々ウマが合わないのかもしれない。

意趣返しなのか、当選後の会合で地元から親分への不満が出たとき
「悪い人じゃないんですよ（笑）」

と、茶化すような「フォロー」をしたそうだ。ご当人は上手く返せたとご満悦だったが、

〈元秘書だったら、不満はしっかり受け止めたうえで、きちんと親分をフォローすべきではないか〉

と考えていた人もいただろう。受け止め方は千差万別。策士策に溺れるの類だと感じた方もいたはずだ。ともあれ縷々述べてきた、主従の複雑な関係がこの例でもわかるだろう。

また、某都議の初出馬に際しては、ある噂も流れている。落選中だった都議会のドン・内田茂が、当該選挙区から出るとの説が取り沙汰されたのだ。

噂を聞いた某都議は、

「ウチの選挙区はよそ者じゃ無理！」

とドンの登場を警戒。内田では勝てぬと力説していた。

もっとも出馬しないとわかるや否や、今度は
「石原知事より内田のが上だ！　あの〝情〟は凄い！」

「公明党は内田に頭が上がらない」

などと人間性込みでドンを絶賛。ただし、

「自分の前任者は内田以上に情があった」

と、〝お家自慢〟を付け加えることも忘れなかったけれど。

ときに「人間性」といえば——昨夏の都知事選時にあらためて注目されたのが、平成二十三年七月の出来事だ。内田との軋轢が原因だとされる、樺山卓司都議の憤死である。

猪瀬元都知事によって明らかにされた、

「内田、許さない！　人間性のひとかけらもない内田茂」

と書かれた遺書は、人々に衝撃を与えるものだった。あの殴り書きの文字を見て、都議会なるいびつな社会の実像を、垣間見た人も多かったに違いない。

樺山氏と異なりドンの人間性を評価していた某都議は、同氏の死因について
「〇〇団体にやられたんじゃないか？」

「カバちゃんは先祖（筆者注・樺山氏は「蛮勇演説」で知られる樺山資紀《かばやますけのり》海相の末裔）がア

レだから狙われそう」

などと身勝手な憶測を並べていた。

樺山氏の死去当時、都議を務めていた現小池都知事特別秘書の野田数《のだかずさ》は、サイト『iRONNA』に載せた論文の中で、次のように言及している。

「樺山卓司氏が自殺した後、都議会上層部のご機嫌取りかウケを狙ったのかわからないが、若手の議員たちがこぞって樺山氏の自殺を揶揄するような発言をしていた」（『私は「都議会のドン」内田茂の裏の顔をここまで知っている！』）

某都議に関する限り、この記述は百パーセント事実である。

ついでにいえば某都議は、野田のことも
「言うことを聞かないから、参議院の東京選挙区に出して落選させるという話が出ている」

と馬鹿にしていた。

野田はドン・内田らにあまり従順でなく、都議会自民党上層部から扱いづらいと見られていたという。都議会で出世するには「膝の屈伸運動」に徹した方がよいのである。

ちなみに某都議は、区長へ転じた同僚に対しても、

「ヤジの飛ばし方が気持ち悪い」

と酷評していた。某都議のみならず、政治家は近い世代の「仲間」に厳しいのだ。

さて、真に狡猾な人間が、たいていそうであるように、某都議は人当たりがよく低姿勢だ。

秘書出身者には珍しく、常識もあり、話もわかる。百戦錬磨の方であろうと、なかなかその本性は見抜けないと思われる。筆者などお人好しだから、長らく彼を根本の部分では信用していたくらいである。

ある支援者――仮にQ氏とする――もまた、某都議のことを信頼していた。

Q氏は某都議から何かと相談を受け、雑談も弾む仲だった。某都議は些細なことで架電してくる電話魔だが、Q氏の許にも連日電話で様々な話をしていたようだ。同じく某都議の電話攻勢を受けていた筆者など、連夜三十分、一時間と続く長話に

〈こんな無駄話をしている間に、何頁の本が読めるだろう〉

〈ハイドンの弦楽四重奏曲が何曲聴けるだろう〉

と閉口していたが、Q氏は誠に純粋で、

「アイツは俺を頼りにしている」

と上機嫌だった。

実際、某都議はQ氏の意見をほぼ取り入れていたそうで、初出馬時に政党公認を受けるか否かで迷った際、Q氏の意見で受けることに決めたという。Q氏の片思いではなく、互いに信用し合っていた様子が窺える。

またQ氏は、自分のグループ（某都議も一員）の中で唯一陣中見舞いを出したとのことで、

「あのグループの中で彼を本当に応援してるのは俺だけだ」

とも話していた。某都議も、

「当選後、急に連絡してくる人たちはいたけど、選挙前に出してくれたのはQさんだけ」

と、いたく感謝したらしい。そうした逸話をQ氏は楽しそうに話していた。

ところが、ある日――。

筆者の許に、Q氏から「すぐに来てほしい」と連絡があった。その声は怒気を含んでいた。

筆者は小心者だから、ただならぬ雰囲気に不安を感じた。

〈……なんか失礼があったかな?〉

筆者は何か怒られるのかと思い、緊張しながら指定の場所へ飛んだ。Q氏はしつこい面があり、怒らせると後後まで面倒なことになりかねないのである。

が、Q氏の怒りは筆者に向けられたものではなかった。某都議に対してだった。

「あの野郎、俺をハメやがった!」

自分のことではないとわかって安心はしたが、緊張感は解けなかった。それどころか怖かった。筆者に八つ当たりしかねない勢いで、

「裏切られた!」

と激高しているのである。頭から湯気どころか炎が立っていた。

ビクビクしながら訳を聞くと、なんでも共通の知人に対し、某都議が
「Qは会う人ごとにお前の悪口を言ってるぞ」

など吹き込んだらしい。しかも「出来心で、つい」といったものではなく、計画的な〝陰謀〟だったとのことで、それが怒りを増幅させているようだった。

実際のところ、Q氏は悪口など言っておらず、某都議が発した軽口に相槌を打っただけだという。が、共通の知人は某都議の讒言《ざんげん》を信じ込み、Q氏と絶縁するに至ったそうだ。

〈某都議も見かけによらず酷い奴だが、所詮、この世界はそんなことだらけだ。昔からの親友でもないのに、そこまで入れ込むというのもちょっと……〉

筆者は同情しつつもそう思ったが、やがてその思いを撤回した。Q氏と同じ目にあったのだ。某都議は筆者のことも、

「アイツ、こんなこと言ってた」

などとありもしない話を裏で創作していたのである。これにはQ氏ほどは某都議を信用していなかった筆者も、大いにたまげたものだった。無論、それ以来、某都議との会話後は眉が唾でベトベトになったことは言うまでもない。

議員間でやり合うような小賢しい計略を非議員にも用い、結果として真の支援者を失ってしまう――まさに「ザ・都議会議員」である。

いま都議会は、小池知事との距離感をめぐり、疑心暗鬼が渦巻いているという。表は神妙な顔つきの「ザ・都議」も、裏では趣味・特技の分断工作を弄し、および各所に内通し、自分だけいい子になろうと必死の毎日に違いない。

……以上のエピソードに読者諸賢は、「いい大人同士が、つまらんことで」と顔をしかめるだろう。それが正常な反応だ。だが、そんなつまらぬ陰謀ゴッコが、地方議員の〝仕事〟の一つなのである。くどいようだがそれで高給をせしめているのだ。

本項の末尾に、もう一つ、「ザ・都議」にまつわる逸話を紹介しよう。

「ザ・都議」は司法試験浪人を経験したと記したが、あまり勉強した形跡が無い。というのも、彼はその間、東南アジアの某国へしばしば通い、現地の女性とお遊びにふけっていたというのである。

筆者は初対面でこの話を自慢され、たいそう面食らったが、「ザ・都議」はその後もちょくちょく某国女性の素晴らしさについて語っていた。「逸話」とは書いたが、隠さず公言していたから、筆者以外にも彼の〝嗜好〟を知る人は何人もいるはずだ。

しかも、かの国へ行くまで待ちきれないのか、日本にある某国専用パブの常連でもあるそうな。筆者はパブでダンスに興じる彼の写真を見せびらかされたこともある。銀座と神楽坂が都議の「ホームグラウンド」といわれるが、世界を股に掛ける「ザ・都議」は、三つ目の本拠地をお持ちなのである。

観光、美食、そして買春……地方議員の海外視察というと、何やらいかがわしい印象が付きまとう。「ザ・都議」の〝個人視察〟はどのような成果を生み出したのだろうか。

地方議員の仕事④「国会議員へのタカリ」

前項は、最後に女性が登場し、艶っぽい話で閉幕した。色とくれば次はカネ。「地方議員の仕事④」、すなわち「国会議員へのタカリ」について述べよう。

衆議院議員の場合、傘下に地元の都道府県議、区・市議が存在する。地域によっては町村議もいて、選挙になるとこれら地方議員は「集票マシン」となる。とはいえ政治家なるものは、全力投球するのは自分の選挙だけだから、マシンといっても性能はもう一つだけれど。

ここで、選挙の報道などでよく語られる、「集票マシン」の機能に触れておこう。国政選等で、地方議員がどういう動きをするかというトピックだ。

地方議員が国政選にてやることは、主として四つ。ハガキを出すこと、電話をかけること、集会で動員すること、遊説・街頭演説をすることである。他にポスター貼り、稀に他陣営との交渉等、他の仕事が生じる場合もあるが、基本は以上の四つであると考えてよい。

ところが——ハガキの名簿がいい加減であったり、自宅で電話かけをしていたと称する時間に繁華街で目撃されたり、有力支持者に動員の声掛けをしていなかったり、マシンはしばしばエンストする。対立陣営の指揮官が載った名簿をしゃあしゃあと出す、〝番頭格議員〟までいらっしゃるのだ。

参院選のときなどは、地元区議が衆議院議員事務所で順に電話をかける段取りとなったが、十七日間の選挙期間中、彼らが来たのはたったの一日だけだった。しかも正味一時間ちょっと。それすらおっくうに感じたのか、父親を代打に寄越した区議までいた。自分に関係の無い地方選でも同じで、筆者は都議選の際、ある区議から「あんな奴のために良い名簿を出す必要はない。適当に出しときゃいい」などと漏らされ、

〈ああ、コイツはウチのときもこの調子なんだろうな〉

と嘆息したものだ。予想通りその区議は、筆者らの前では〝先鋒役〟を演じていたが、見えないところでは鈍かった。

知事選などでは各地の地方議員が遊説に駆り出され、さも熱心に動いていそうな素振りを見せる。けれど、彼らの主眼は自分の人脈づくりである。この機に他区の議員や団体幹部とお近づきになっておこうという魂胆だ。本気で候補者のために動いている者など僅かである。

第一章で、千代田区長が増田で動いていなかった事実を紹介したが、他の区長や地方議員も、実態は似たり寄ったりだったであろう。「集票マシン」がフル回転するのは、担ぐ候補の人気が高い等、自分たちの選挙にプラスになると判断したときだけである。

しかし——不良品であろうと、いや、だからこそ、代議士はメンテナンスに留意する。暴走してあらぬ方向へ突っ込まれては困るのだ。実際、多くの地方議員は国会議員への嫉妬、羨望、対抗意識に満ちている。傍から見れば噴飯物だが、本人たちは大真面目に「アイツより俺の方が国会議員に相応しい」などと過信している。だから爆発しないように、大将は折

に触れて足軽を尊重する。

すると、足軽の方もつけ上がる。同格意識を持ち始め、

「俺が当選させてやった」

「言うことを聞かなければ首のすげ替えも考える」

などと放言する者まで現れる。

しかも、各地域で衆議院議員は基本的に一人だが、地方議員はたくさんいる。足軽同士、本当は皆不仲だが、チリも積もれば山となる、とばかりに肩を寄せ合い「結束」する。その結果、代議士一人VS区議十数人、といった状況が生まれ、足軽が大将を押し切る場合すら起こりうる。足軽集団のまとめ役を「ボス」、または「ドン」と呼び、彼らは国会議員への対抗心がひときわ強い。全国津々浦々の議会や政党支部で、この種のボス議員が空威張りしている。

こうした国会議員VS地方議員の構図を端的に示しているのが自民党の東京都連だ。都議にすぎない内田茂が国会議員の上に君臨し、人事その他で力を発揮しているとされる。

事実、先の「ザ・都議」の話によれば、親分が落選して路頭に迷った某「プロ」秘書は、ドンのサウナに付き合いメシにありつこうとしていたらしい。その秘書は事務所を渡り歩く札付きで、「ああなったらおしまいだ」と存在自体が笑われていた気の毒な御仁だ。されど都連に巣くっていたから、誰に頼ればよいかだけはわかっていたのだろう。他人に寄生して

いくしかない「プロ」の悲哀と、内田の力・親分肌を窺わせる一コマだ。

ただ、おそらく個人の能力でいえば、内田を上回る国会議員は何人もいるだろう。内田も「ドン」になるほどだから、それ相応の魅力も力量もあるに違いない。が、本当に凄い能力があるのなら、国会へ出て「日本のドン」か、それに近い地位に上り詰めているはずではないか。

「敢えて国会に出なかった」との意見もあろう。実際、永田町に色気を示すと、反発、遠慮、様々な負の要素が錯綜し、内部での力は削がれることになりがちだ。

二十六年も県会議長の座にあった佐賀の小原嘉登次《こはらかとじ》、梶山静六も頭が上がらなかった茨城の山口武平《やまぐちぶへい》……彼ら地方のドンたちは、「国会議員を目指さない」ことがパワーの源の一つであった。

だが、同じく地方議員（京都府議）であった野中広務は還暦近くで国会へ行き、日本屈指の実力者——それが国にとって良かったかどうかは別として——となっている。選挙区事情や運もあろうが、内田は地方議会のドンが限界だったということだろう。

「都議会のドン」は、盟友だった都議が衆院選へ出たとき反対したと聞く。嫉妬、あるいは党内のバランスが崩れることを警戒したのかもしれないが、所詮、自分たちは「地方限定」の力しか無いと知っていたのではないか。実際、内田と並ぶ実力者だったその都議は落選し、その後区長選にも敗れ政界から消えている。

また、内田はすでにドンの座にあった平成二十一年選挙において、無名の新人相手に敗れている。本当に凄い能力があるのなら、なぜ落選するのだろう。政権交代前夜の当時、自民党が暴風雨にさらされていたのは事実である。だが、それでも勝ち抜いてきた者が大勢いる以上、逆風云々は理由にならない。比べるのは酷かもしれないが、田中角栄や竹下登や小沢一郎は、逆風下の戦いを強いられても軽く当選しているではないか。真のドンならいかなる状況でも落選するはずがない。

内田の力の源泉の一つに、公明党とのパイプがあるという。先に紹介した通り、「公明党は内田に頭が上がらない」と見る都議もいるほどだ。が、公明党の如きヌエ的政党が、他党の一都議に操られるはずがない。というより、公明党は内田でなく学会に操られて大変であろう。現に、額面通り受け取れはしないが、都議会公明党は自民党との「連携解消」を宣言している。変幻自在の公明党は、内田とのパイプなどワンオブゼムとしか見ていないだろう。

内田は都議会公明党の重鎮・藤井富雄《ふじいとみお》（平成十七年に引退）に近いといわれ、両者が都議会、いや東京を動かしていると見る向きもあった。昨年開かれた内田のパーティーにも齢九十を過ぎた藤井が現れたそうだ。

しかし、藤井は変わり身が早い御仁である。例えば一時期、竹入義勝《たけいりよしかつ》（元公明党委員長）の忠臣だったが、竹入と池田大作の仲がこじれた途端、忠臣から敵へと豹変している。状況次第で内田との関係などあっさり清算するだろう。

余談だが、ここで「内田の前の都議会のドン」ともいわれる藤井富雄に言及しておく。一部で「公明党・創価学会の実質ナンバーツー」と畏怖されたこの元タクシー運転手は、党内では「チャランポラン藤井」と揶揄されていた人物で、個人として秀でた力があったとは思えない。学会の帝王・池田大作の信が厚かったから「大物」になってしまっただけだろう。もとよりあの団体の性質上、池田以外にドン的存在が出るはずもなく、こちらの「ドン」も張り子の虎にすぎないことは明白だ。

ともあれ、飛びぬけた能力があるとは思えぬ内田が、なぜ国会議員も手が出せぬドンになりえたか――。

第一章でも触れた役人との深いつながりや、利権、情報など諸々の要素があるだろう。しかしそれらの前段階にくるものは、有象無象の都議連がその下に集まって、まとまった勢力を形成したからである。

政治家、殊に地方議員の行動原理は「長い物には巻かれろ」だ。内田のような並以上の人物がいると、それを取り巻く輪ができる。その輪を取り巻く者がさらに出て、輪は二重、三重へと広がっていく。

また、都議は国会議員より数が多く、共に過ごす時間も多い。自然、都議同士の集まりが本拠となる。各級議員のパーティーに行くと瞭然だが、都議はどこでもぞろぞろ集団で行動している。良く言えば、それだけまとまっているのである。

対して国会議員は都議の如きまとまりは無い。パーティーでも基本は単独行動で、支持者や議員と幅広く接する。国会、党、派閥、地元と本拠もまたいくつもある。同じ都連所属でも、国会議員同士のつながりは都議に比べて弱い。

つまり、大将たちが個々人で活動しているのをよそに、内田を頭とした足軽たちが群れ、勢力を築き上げてしまったということだ。ドン誕生の大前提は、足軽の結集である。

だから筆者は、石つぶてを浴びながら退場していく内田を不憫に思う。「ドン」に祭り上げてしまった取り巻きたちの責任もあるのに、と思う。死者をもネタに媚びへつらう、「ザ・都議」のような取り巻きの方がむしろ狡いのに、とも思う。

それはさておき――内田の如きボス的議員は各議会に居て、地域限定の力を振るう。国会から地方まで、各級議員が集う政党支部では、こうしたミニ内田、ないしミニミニ内田が重職に就き、幅を利かせている。

公認候補の選定、支部の人事、内部抗争などが地方ボスの見せ場だ。この種の場では、必ずしも国会議員が上位とは限らない。前述のように、地方議員の意向が優先されることもある。ボスの下、一つの塊となった足軽たちが、数の力で大将に楯突くというわけだ。

まとまりを維持するには金がいる。特に出費がかさむのは会合費だ。議員同士で集まる際の飲食費に金がかかるのである。

金の工面をするのもボス議員の役目だ。足軽の頭領はそのために様々な手を使う。支部の金を私物化したり、利権漁りをしたり。金持ちの子分に月数百万もの飲み代を出させたボスもいる。

「定収入」というべきものが、大将からのお恵みだ。そう、「国会議員へのタカリ」である。以下に筆者が経験した例を簡略に記そう。

ある日地元を回っていると、携帯電話が鳴った。ボス議員からだ。

「オウ、○○だよ！　ちょっと話したいんだけど、今日、ウチに来られるかな？　何時頃が都合いい？」

特に約束も無かった筆者は、すぐにボス宅へと向かった。

到着し、呼び鈴を鳴らすと、ほどなくして扉が開いた。ボス直々のお出迎えだ。

「オウ、ご苦労さん……」

居間に通され、しばらく雑談。といってもボスの地元の町会や商店街、議会の話で、純粋な雑談ではない。

しばらく話が続いた後、ボスは本題を切り出した。

「――で、そろそろそういう時期に来たから、アンタんとこのオヤジにも出してもらいたい。額の方は任せる」

「……」

「参考までに言うと、○○（別の国会議員）は前回このくらい出した」

「……」

「オヤジの方にもよろしく言っといてもらいたい。じゃ、頼む」

ボスは右膝を叩いて話を終わらせ、玄関まで見送ってくれた。

――と、こんな調子で催促が来るのである。定期的に。

で、ボスは子分の地方議員たちに、

「○○にはいくら出させた」

などと〝戦果〟を誇り、ボスの威厳を保つのだ。

大将の金で足軽をまとめ、大将に対抗しようとする――まるで、「敵の武器を奪って戦う」という中国共産党みたいなやり口だ。しかし、それが日本のボス地方議員の常套手段なのである。

無論、ボス議員が裏でタカリに励んでいることを支持者は知らない。時たま、元同級生や業者などに着色まじりで吹かす例もあるが、有権者（特に女性）の前では清貧を装うのが基本だ。

だから「今晩、議員団の会議がある」と話す地方議員のセンセイがいたら――他人の金で飲み食いし、噂話に花を咲かせている姿を想像するとよいかもしれない。

……以上、地方議員の生態について、思うところを述べてきた。

形骸化した議会、法外な待遇、鳥なき里のコウモリの如きボスの跳梁……怒りを通り越して呆れた方もおられるだろう。

東京都選挙管理委員会の呆れた実態

最後にもう一つ、読者諸賢を呆れさせる事柄を記し、本章の締めくくりとしたい。

もう一つの事柄とは――各役所に存在する、選挙管理委員会についてである。

例えば東京都のホームページは、選挙管理委員会を次のように定義している。

「選挙管理委員会は、公正な選挙を行うため、長から独立した機関として置かれるもので、議会において選挙された4人の委員により構成されています」

「議会において選挙された」――このくだりを読んで、ここまでお読みくださった方々は胸騒ぎがするだろう。はたせるかな、その不吉な予感は当たっている。

都にいる四人の選管委員のうち、三人は都議OBだ。いわば都議の天下りポストである。

で、選挙管理委員の仕事の内容は――。

事務局の話を伺ったところ、選挙管理委員会の会合は、たったの月二回。しかも一回三十分から一時間程度で終わるらしい。

筆者が思わず「たったそれしか……」とつぶやくと、職員はバツが悪そうに「いや、それ以外にも色々と……」と回答。が、他の仕事は何かと問うと即答できず、資料を調べた。その結果、「表彰式への出席」等々の職務があるとわかったが、それとて毎月あるわけではないという。

それほど楽な選挙管理委員の報酬は——何と、委員長は月額五十二万三千円、残り三名の委員は四十二万九千円ももらっているのである。無論、原資は税金だ。

月二回の会合が計一、二時間、たまに表彰式等が加わるだけでこの額だ。委員長など、時給五十万円の月もあろう。こんな馬鹿げた話があるだろうか。

東京二十三区の選管も、月二回・月額三十万円近くの報酬が相場だ。こちらも委員は区議OBで占められている。「公正な選挙を行うため」の公職が、事実上の天下りポストになっているのである。役人の天下りばかりが問題にされるが、こちらの「天下り」も指弾されてしかるべきではないか。

ついでに記すと、昨夏の都知事選で敗れた増田寛也——彼は選挙後、杉並区の顧問に「天下り」している。選管ほどではないにせよ、やはり破格の待遇で。

なにしろ勤務は月二日、計四時間程度。中身は区に「助言」するだけ。そんな仕事で月額三十五万円、時給換算なら約八万円もの報酬を得ているのだ。もちろん原資は税金である。

就任したのは選挙が終わったひと月後という手回しの良さだが、出馬に際して何か密約でもあったのだろうか。増田は選挙時の公約で、「人への投資」を掲げているが、その意味するところは「自分＝増田への投資」であった模様だ。〝実務派〟といっても、多額の公金をつぎ込まなければ稼働しないということなのか。

ともあれ、選管委員の報酬は、議員報酬と同じく条例で決められる。引退後は選管報酬で悠々自適の生活を……と夢想しているセンセイ方が、進んで現状を変えるとは思えない。遠い道ではあるけれど、国民一人一人が実態を知り、声をあげることでしか――地方議員をめぐる「地上の楽園」さながらの構造は、変えられないのである。

第三章／そのハイエナの歴史

地方議員の劣化はいまに始まったことではない

前章では、地方議員の実態について、実体験を交え記述した。本章では、東京を軸に、地方議会の成り立ちから今日までを辿ってみたい。腐敗ぶりを中心に見ていくが、制度や待遇、人物についても触れることにする。

明治二十三年十一月、帝国議会が開設し、日本の議会政治がスタートした。敢えて特記するにはあたらない、周知の事実である。

しかし——これはあくまで国政の話だ。本書のテーマ・地方議会は、帝国議会の開設前、すでに始まっていたのである。

明治維新後、各藩に「藩議会」という名の議会が誕生。明治四年の廃藩置県後も、「地方民会」と呼ばれた独自の地方議会を設置する動きが各府県で広まった。藩議会も地方民会も、議員を公選する事例があった。

そして明治十一年七月、政府は府県会規則、郡区町村編制法、地方税規則の「三新法」を公布。府県会規則に基づいて、全国に府県会が設置される運びとなる。〝政府公認〟の地方議会の誕生だ。設置の趣旨は、税をスムーズに徴収するというものであった。

府県会は公選議員をもって組織されると定められ、任期は四年、二年ごとに半数改選。被選挙権は満二十五歳以上の男子、選挙権は満二十歳以上の男子を基本とした（その他細かい要件も多々あった）。

この選挙法に則って、例えば東京府では明治十一年十二月、初の府会議員選挙が行われ、翌十二年一月、これまた初の府会（臨時会）が召集された。現在に続く地方議会の第一歩である。

東京府会においては、ジャーナリストとしても著名な福地源一郎《ふくちげんいちろう》（下谷区・現在の台東区）が議長に、慶應義塾の創立者である福澤諭吉（芝区・現在の港区）が副議長に決定。が、福澤は、まもなく「多忙」を理由に副議長を辞している。「議員」なるものを馬鹿にしていた様子が窺えないでもない。

もっとも議員ポストを「軽視」するのは福澤ばかりでなかったようだ。議員候補たる各地の有力者たちは、当選しないようにと知己を集めて供応したり、当選しても辞退・辞職したりと府県政への関与を忌避。議員になるのを嫌がるあまり、姿をくらます者までいたという。

当時の府県会議員は「俸給ナシ」（府県会規則十一条）で、会期中の滞在日当と旅費（今でいう費用弁償）は議会で定めるとの仕組みであった。金も名誉もある有力者にとって、議員の椅子は魅力の無い、煩わしいものだったのである。

なお、地方議員の「俸給ナシ」はその後も続き、昭和二十二年の地方自治法制定までは無報酬であった。同法によって報酬が出される次第となり、「地方議員」が名誉はさておき旨味のある地位へと変貌したのである。この報酬の件に関しては、のちにも随時触れることにする。

さて、国に先んじて開幕した地方議会だが、初期は誠に平穏で、議案も原案通り通ることが常だった模様だ。

それが二、三年を経て変化してくる。議員連が何かにつけて知事・県令に反抗し、議会が荒れるようになったのである。

その背景には様々な事情があった。すなわち、「税をとられる側」であった有力者議員が予算の削減を狙い出したこと、その頃勃興していた自由民権運動が、各地の府県会と連動していたことなどだ。

府県会での闘争が激化するにつれ、議員の資質に関わる事態も起き始めている。地方議員の劣化が叫ばれる昨今であるが、大昔から低質だったのである。

例えば埼玉県会では、議員連が会期中、夜ごと東京の吉原へ繰り出し、女郎買いを競う有様であった。そのため無難な議事を望む県当局は、現地へ出向き近辺の待合で議員を接待。が、問題児揃いのセンセイ方は、美食と色を満喫しながら「恩返し」はせず、提案の多くを修正・否決していたという。これには県当局もお手上げだったようである。今も議会の日常茶飯事たる「厄介なセンセイ方を持て余す役人」との図式——これも明治以来の〝伝統〟だと言えそうだ。

首長に楯突く時代が続いた後、府県会の様相はまた変わる。制度発足五、六年後、つまり明治十七、八年頃になると、首長と組んで利益を計る議員が出始めたのである。知事・県令サイドも彼らを利用することで、議会の円滑な運営を図った。

「首長派」議員が誕生する一方、府県会の内紛が激化する。利権やポストを取り合って、党派的、個人的な争いを繰り広げるようになったのだ。換言すれば「地方議員」なるものに、それなりの〝魅力〟が出てきたということだ。

利権漁り、内部抗争、首長との対立・妥協……明治十年代後半・一八八〇年代半ばのこの時期に、現在まで続く地方議会の原型が出来上がったといえるかもしれない。

府県会規則の公布から十二年が過ぎた明治二十三年十一月、先述の通り帝国議会がスタートする。

国会開設は、自由民権運動の主要テーマの一つで、府県会でも広く議論されていた。

また、府県会は、新議会の人材供給庫の役割も担った。初の帝国議会にお目見えした三百人の代議士のうち、六四％が府県会議員出身者である。

余談だが、帝国議会の開設は、花柳界の地図をも変えている。

江戸時代、随一の花街といわれたのは隅田川に面する柳橋であった。明治に入り、伊藤博文らが新橋を贔屓にし、同地が「夜の政治」の舞台として発展。明治五年に横浜との間で鉄道が通るなど、新橋は「都の玄関」の如き地域であった。だから伊藤らは、使い勝手のよい新橋に集まったのである。だいぶ後の時代だが、吉田茂が新橋の芸者と同居していたことは有名な話だ。

帝国議会が始まると、赤坂が急速に伸してくる。というのも、地方から出てきた自由民権運動上がりの新代議士らが、好んで同地を使ったからだ。無粋な彼らは伝統ある柳橋には気後れし、藩閥政治の牙城たる新橋も避けた。で、まだ新興花街であった赤坂に集い、連夜オダを上げていたのである。

藩閥政治が衰退し、新興代議士らの勢力が強まると、新興花柳界の赤坂も興隆。戦後になると「二橋《にきょう》」――柳橋、新橋――を凌ぐ「夜の政治」のメッカとなった。同地の某料亭の玄関番が、店に来た政治家たちを実名で晒し、ひと騒動になったこともある。

近年、花柳界は下向きらしい。「待合政治批判」の強まりに加え、要人がホテルを使い始めたからだ。新橋も赤坂も、もはや最盛期の面影は無い。柳橋に至っては、花街自体が消えてしまった。だが、政治の流れと軌を一にしていた花柳界の隆盛は、歴史の一側面として記憶されてよいだろう。

閑話休題。ここで、当時の地方自治制度を見てみよう。

帝国議会が始まる二年前の明治二十一年に、市制・町村制が公布。新たに「市」が規定され、国―都道府県―市町村という現代の制度の下地ができた。

市町村には公選の市町村会が設置され、直接国税二円以上を納める二十五歳以上の男子に選挙権が与えられた（その他の要件もあり）。

帝国議会が始まった明治二十三年には、府県制・郡制が公布。先の府県会規則は廃止となる。府県会・郡会の議員は、市町村会議員らによる複選制で選ばれる仕組みとなった。平たくいえば間接選挙である。郡会では、定数の三分の一は「大地主枠」と規定された。

明治三十二年になると、府県制・郡制が改正される。間接選挙をあらためて、直接国税三円以上を要件とした直接選挙となったのだ。郡会に規定されていた大地主議員は廃止となった（郡制自体も大正十二年に廃止）。

なお戦前は、衆議院議員と地方議員の二足のわらじを履くことが可能で、府県会のみ兼職禁止規定があった。地方議員は片手間でも務まるという実例である。一般企業のサラリーマンなら、二つの会社に属して両社の仕事をこなせるはずがないのだ。

初代東京のドン、「巨魁」星亨

ときに衆議院議員と地方議員を兼務した政治家の中に、初代・東京のドンというべき大物が出ている。

当時の主要政党だった、自由党―憲政党派の巨魁・星亨である。この日本初の代言人《だいげんにん》（弁護士）・二代目衆議院議長は、今でいえば小沢一郎の如き剛腕だった。

例えば予算査定のときなどは、葉巻をくわえ

「〇〇費。削りますよ。異議ありませんか」

と大臣に凄み、返答を待たずに抹消していく。そんな男だ。しかも驚異的な読書家で、教養の方も抜群とくる。没後慶應義塾に寄贈された蔵書は、年間出版点数が数千〜二万程度（現在は約八万）だった当時にして一万超。その内容も和漢洋、あらゆる分野を網羅していた。加えて整理整頓の達人で、旅行の際は他人の荷物も要領よく片付ける。まったく端倪すべからざる怪傑（事実、星はこう呼ばれていた）であった。

明治期の政界は、山県有朋や伊藤博文ら、藩閥政治家が牛耳っていた。その中で星は政党を代表する一方の雄として、存在感を発揮。「押し通る」の異名よろしく強引な手法で、藩閥の巨頭たちとやりあった。

時の首相・山県から資金を引き出した上での選挙干渉、「積極主義」と称する公共事業誘致……硬軟織り交ぜての戦法で、星は自党の拡張に成功した。「地元への利益誘導を集票に

つなげる」との戦略は、「押し通る」をもって始祖とする意見もある。

戦前の代表的保守政党・立憲政友会の結党にあたっても、星は主役の一人であった。長派の雄・伊藤博文は、かねて藩閥政治に飽き足らず、自前の政党を創ろうと模索していた。星はそこに目をつける。敢えて元老を頭《かしら》に迎え、党勢拡張・政権奪取を図るという策に出たのである。

両者の思惑には隔たりがあったが、曲折の末、伊藤の新党組織に星の憲政党が加わるとの形で決着。明治三十三年九月、その後四十年続いた政友会が結成された。総裁には伊藤が就任したが、組織・地方を握っていたのは「押し通る」であった。

また星は、首都掌握のため東京市会議員選挙に出馬し当選している（麹町区・現在の千代田区。ちなみに星の衆議院議員としての選挙区は栃木一区）。その頃の首都情勢をかいつまんで説明しておこう。

明治維新によって「江戸」が「東京」へと改称され、東京府が誕生。この頃三多摩は東京ではなく、神奈川県の一部だった。

明治十一年、前出の三新法によって、東京府は十五区六郡となる。十五区とは現在の千代田区、港区、中央区等に該当する地区で、今の二十三区の原型である。

そして明治二十一年に、これも既述の市制・町村制が公布。翌年東京府の中に、先の十五区の範囲からなる「東京市」が設置され、東京市会が発足した。区は市の下部組織として存続する。

自由民権運動以来、東京は改進党—進歩党派の勢力が強く、東京市会がスタートしてからもその傾向は続いた。星は劣勢挽回のため、大将自ら敵陣へ乗り込んだのである。

もっとも、国を舞台に藩閥の首魁と折衝していた星にとって、敵地とはいえ地方議会を制することなど朝飯前だったようだ。「押し通る」は壮士を動かし、許可権を使い、利権を与え、たちまち東京市会のドンとなった。

元々多数派だったグループの中で主導権を握っただけの「ドン」とは違う。少数派を多数派に育て上げ、その上に君臨した真のドンだ。しかも地方限定の力ではなく、国政でも重きをなしている。この初代に比べたら、近年の「ドン」がなんと小さく見えることか。スポーツ選手の評価に顕著だが、人は何かと「昔は凄かった」との偏狭な懐古趣味に流される。が、都のドンに関しては——偏見でなく、昔の方が断然凄かったといえるだろう。

ところで伊藤博文は、政友会の結成直後、四度目の内閣を組織している。新内閣は陸海相、外相を除き政友会員で固められ、逓信大臣には星亨が就任した。しかし、「押し通る」生涯唯一の閣僚経験は、たったの二か月で終わることになった。理由は東京市会のスキャンダルである。

星は敵の多い男であった。中でもライバル政党からは、不倶戴天の敵とみなされていた。星の入閣と前後して、彼らは系列の新聞を使い、東京市会における星派の汚職を糾弾し始めたのである。

叩かれたのは水道がらみ、清掃がらみの贈収賄疑惑であったが、これに関して明治から昭和にかけて活躍した政治記者・阿部眞之助《あべしんのすけ》が自著で興味深い描写をしている。

いわく、

「東京市政の腐敗は、今日でもそうあるように、歴史的のものだった。なかんずく星亨が、市政の実権を握り大ボスとなってから、その暴状は市民に耐え難いものになった」（『近代政治家評伝』）

首都の政治は、歴史的に腐敗していたというのである。

また、この政治記者は
「今日でもそうあるように」

とも書いている。あたかも常識の如く。

阿部の著書は昭和二十八年の出版だ（筆者所蔵のもの。近年再販）。つまり、すでに六十年以上前の時点で、「古今、首都政治は腐敗している」と見られていたのだ。当節、都議会は黒い噂が絶えないが、俄かに利権づいたのではなく、元々そういう世界だということだ。

話を戻す。星派の疑惑は、やがて当局の動くところとなり、東京市会における星の側近が検挙された。

ドンの身辺にも嫌疑は及び、伊藤首相は星に大臣辞任を勧告。が、そこは傲岸で鳴らす

「押し通る」である。

「政敵の陰謀だ」

「やましいところはない」

と勧告を拒否、居座りを図った。しかし世論の指弾が強まり、当局も起訴する動きを見せ、さしもの「押し通る」も辞職せざるを得なくなった。ちなみに後を襲ったのはのちの政友会のドン・原敬である。

だが、大臣ポストを棒に振ろうが、星は相変わらず政友会、東京市会の柱であった。殊に後者においては失脚どころか栄進し、閣僚辞任ひと月後の明治三十四年一月、議長に就任。実権のみならず肩書も手にした。市会におけるドンの勢威は疑獄事件後も変わらなかったのだ。

しかも、星が真のドンたる所以は、権力ゲームに終始するにとどまらず、政策面にも並々ならぬ意欲を見せたことである。わけても東京築港には尽力した。

首都の築港――明治十年代以来の懸案であった。だが、技術的にも資金的にも困難と見られ、従来からの港・横浜の反対も強かった。さらに、流通の変化を望まぬ業者もおり、市会の意見もまちまちで、事態は膠着。さながら築地市場の移転問題のようだった。

星は築港調査委員会設置を決め、自ら委員長に就任。政府に財政計画を説明し、業者らを海上に案内した。もとより無類の勉強家である。専門家任せ一辺倒でなく、自力で問題点を把握して、設計図片手に解決策を示した。熱意の裏には利権もあろうが、こうした「知」の香りは並の「ドン」からは嗅ぎ取れない。

けれども――「押し通る」の努力が日の目を見ることはなかった。明治三十四年六月、醜聞に憤慨した一剣士の手で、星は暗殺されたのである。ドンの死により東京築港は大幅に遅延。ようやく昭和十六年、東京湾として開港した。横死の日から四十年が経っていた。

余談だが、星が凶刃に倒れたまさにその日、弁護士でもある星の事務所に書生として入る予定の若者がいた。のちに自民党結党の立役者となる三木武吉《みきぶきち》である。

その後三木は紆余曲折を経て弁護士となり、衆議院議員、東京市会議員に当選。幻の「師」と似たコースを歩むことになる。そして戦後、東京市会でライバルだった鳩山一郎と組み、保守政治の再興に努めるのである。

なお、星の没後も東京市会は醜聞が絶えず、明治末期には「東京市会は時代を問わず、市民を踏み台として互いに勢力を競い、金権を争う修羅場」と揶揄する声もあった。

大正三年にはまえがきで触れた「東京市政は伏魔殿」とする『中央公論』の論文が出る。そこには「意地汚い議員」「市政の乱脈」といった表現も見られる。

事実、大正期にはガス・水道・道路等の利権が定期的に問題化。市会選挙で腐敗の中心たる政友会系与党が激減し、中立系新人が大挙当選する事態も起きた。

さりとて市会の状況は変わらず、次の選挙では中立系が減って政友会系が勝利。またぞろ疑惑が発生するという有様だった。

大正末年、『東京朝日新聞』は東京市会の本質を次のように喝破している。

「利害や利権が中心で分れる党派（中略）御都合にて寝返りは朝飯前」。

「利害や利権」の後に「選挙区事情」の五文字さえ挿入すれば、現状にもそのまま当てはまる金言である。

先に引用した

「東京市政の腐敗は、今日でもそうあるように、歴史的のものだった」

という阿部眞之助の一文は、こうした醜状を見てきた結果、書かれたものなのだ。

利権と共に年輪を重ねてきた首都政治——。過去がこれでは、都議会の前途も悲観的に見ざるを得ないのである。

「東京」という超利権の塊を貪《むさぼ》る

ときに明治中盤から大正期にかけて、地方政治は政党化が進んだ。国政における力を増した政党は、府県政の実権を握る官選首長の人事に介入。国政の動向が、地方政治を左右するようになったのである。

府県会における政党系列化の進展は、衆議院議員と地方議員との関係にも変化を与えた。政党を通じ知事の任免に関与し始めた代議士は、予算配分その他、府県政に対する影響力が増大。地元の地方議員に対する威光も増したのである。地方議会が中央政界の末端に組み込まれ、その存在意義を低下させたということだ。

大正十四年、加藤《かとう》高明《たかあき》内閣の下で普通選挙法案が成立。原則として二十五歳以上の男子全てに選挙権が与えられることになった。翌大正十五年、若槻《わかつき》礼《れい》次郎《じろう》内閣が府県制、市制・町村制を改正し、地方選でも普選が採用される運びとなる。

昭和二年、初の普通選挙による府県会議員選挙を実施。一般に、初の普選といえば昭和三年衆院選を指す。が、厳密にいえば、国政選に先立って、前年九月から十月にかけて普選による地方選が行われていたのである。

普選時代の幕開けと共に、またぞろ東京市会で疑獄事件が頻発している。わけても昭和三年は、立て続けに事件が起こり市会解散に発展する騒ぎとなった。

まず摘発されたのが、さながら今日を連想させる、魚市場の移転にからむ板船権《いたぶね》疑獄である。

江戸以来、東京の魚河岸は日本橋にあった。だが、大正十二年の関東大震災で市場が全焼。築地へ移転する運びとなった。現在問題となっている、あの築地市場だ。

それまで魚市場では、「板船権」と呼ばれる売場権を有料で貸し、営業権を与えるという慣習があった。が、移転にあたってこの慣習が廃止されることになり、市場側は補償金を要求。補償金の支出をめぐって市会議員に贈収賄が行われ、市議十名が召喚・逮捕されたのである。

続いて乗り入れ認可をめぐる京成電鉄疑獄が発覚。さらには江東青物市場、市バスの車種変更にからむ汚職も明るみになり、いずれも多くの市会議員が逮捕・起訴される事態となった。

こうした東京市会の腐敗ぶりに対し、各層から市政浄化運動が起こった。選挙のたびに聞かれる標語「出たい人より出したい人を」は、このとき誕生したものである。

一連の疑獄で拘留された市議は二十五名に達し、市会は三分の二の定足数を集められなくなった。そのため内務大臣は、東京市会解散を命じ、翌昭和四年に出直し選挙となったのである。

出直し選は初の普選による東京市会選挙であった。その結果、無産系や新顔が躍進し、再選議員は二十名にとどまった。

が――大掛かりな市政刷新運動が起きようが、解散を命じられようが、東京市会の体質は変わらない。

例えば昭和五年十一月、旅費着服事件が発生している。市議が視察に行くといって旅費(公金)を貰うも、実際には行かず家族連れで郷里に帰ったというものだ。刷新選挙の翌年に、早くも不祥事が起きたのである。

ちなみにこれを報じた当時の読売新聞記事（昭和六年一月二十九日）は、「東京市会議員の地方視察旅行に就《つい》ては従来非難の声が絶えないが」との書き出しで始まっている。日付を「昭和六年」から「平成二十九年」に変えても、そっくりそのまま通用するではないか。事実、舛添前都知事の公私混同疑惑を非難した都議会が、直後にリオ五輪一億円視察を楽しもうとしたのは記憶に新しい。

しかも読売の記事中には「従来」とある。視察もまた大昔から問題視されていたことの証左である。

昭和七年十月、東京市が十五区から三十五区へと拡大する。今の豊島区、品川区、足立区等の地域が新たな二十区として東京市に編入されたのだ。いわゆる「大東京」の誕生である。

昭和十年、「大東京」に庁舎移転問題が持ち上がる。丸の内の庁舎を月島に移そうというのである。これは実現には至らなかったが、移転説の裏には市会議員の利権があると噂された。この埋め立て地たる月島の開発・使途をめぐっては、「幻の五輪利権」もある。

これもさながら現代のようだが、昭和初期以来、東京はオリンピックを誘致していた。昭和六年、東京市会で五輪招致を決議。昭和十一年七月、招致活動は実を結び、同十五年の東京オリンピック開催が決定する。しかし、昭和十二年に勃発した支那事変が長期化し、五輪は返上の仕儀となった。

この「幻の東京五輪」の競技場候補地であったのが、問題の月島だ。招致決定前の昭和十年、すでに「月島会場説」が唱えられ、非公式ながら「会場は月島」と発表される事態まで起きた。お祭しの通り、これらの背後で蠢《うごめ》いていたのは、利権狙いの市会議員たちである。まえがきでも紹介した『文芸春秋』（昭和十年六月号「市会議員表裏論」）は、「オリムピックの東京招請の運動も、月島と連関して以外には、市会議員には興味はないのであつた」（原文の漢字は旧字体）

と断定。さらには

「大抵の場合、市会議員を悪いとすれば、当てづつぽう（筆者注・「あてずっぽう」）でも、九分九厘まづは間違ふ恐れはない位のものだ」（原文の漢字は旧字体）

と明言し、他にも市会議員の無法ぶりを紹介している。

その中身は裏口入学斡旋、役所人事への介入、下水の視察と称して下水の無い土地へ大名旅行……などなどだ。これまた現在と変わらない。都政は劣化したのではなく、昔から低レベルなのである。

昭和十八年七月には、東京府・東京市が廃止され、新たに「東京都」が誕生。従来の府知事、市長に代わって官選の「長官」が設けられ、内務官僚の大達茂雄《おおだちしげお》が任命された。東京都の初代首長である。三十五の区部は都の下部組織としてそのまま残存。「都」の発足から二か月後には、初の都議会議員選挙が行われた。

で、昭和二十年八月十五日——昭和十六年から続いていた大東亜戦争が終わり、地方政治も新たな時代を迎えるのである。

戦後の幕が開かれて、日本は連合国軍総司令部（ＧＨＱ）の占領下に置かれた。進駐軍の指導の下、様々な「改革」がなされていった。

まず昭和二十年十二月、衆議院議員選挙法が改正。男女問わず、二十歳以上の日本国民全てに選挙権が与えられた。

翌昭和二十一年九月、東京都制、府県制、市制・町村制が改正。地方選の選挙権も、二十歳以上の全ての国民に付与されることになった。知事、市町村長の公選も導入。府県制に関しては、北海道関連の法規が加わり「道府県制」へと改称されている。

そして昭和二十二年五月、日本国憲法と同時に地方自治法が施行。従来の東京都制、道府県制、市制・町村制は廃止され、同法に一本化されたのである。

当時、国政は吉田茂内閣だった。吉田は日本自由党の総裁である。自由党は鳩山一郎が創立した政党で、旧政友会を母体としていた。鳩山が組閣直前に公職追放されたため、吉田が総裁（はじめ総務会長）となり内閣を組織したのである。

他方、旧民政党を中心として、日本進歩党も結党された。同党はその後民主党へと装いをあらため、吉田と同じく元外交官の芦田均《あしだひとし》が総裁となった。芦田ものちに総理となり、吉田の前任・幣原喜重郎《しではらきじゅうろう》を加え、占領下は三人の元外務官僚が首相となっている。

ともあれ、新憲法と地方自治法は、吉田内閣の下で施行された。戦後日本の礎を築いたとされる吉田茂は、新地方制度にも関わっていたのである。

そして、地方自治法により、地方議員に報酬が支給されることになった。議会によっては通信費、調査研究費、弔慰金、退職金などを条例で支給。「地方議員」の職自体が、〝美味しい商売〟へと変貌したのである。

また、この昭和二十二年の四月には、府県知事・都道長官の選挙が実施された。前年九月の法改正により、それまで官選だった都道府県の首長を、公選する時代が始まったのである。なお、地方自治法施行までは、東京都と北海道の首長は「知事」でなく「長官」のままだった。

初の都道府県首長選挙で選ばれた顔ぶれは、半数以上が官選の元・前知事だった。代り映えしない結果となったのは、旧来の官尊民卑思想が残っていたためだと解説される。

首都東京も、元長官の安井誠一郎《やすいせいいちろう》が当選。焼け野原、飢え……そうした世情は投票用紙に反映し、安井に投じられた用紙の中に、「安井コメを誠一っぱい食わせ郎」（コメを精一杯食わせろ）と書かれたものがあったそうだ。

安井は内務官僚で、抜群の事務処理能力の持ち主だった。予算案を一見しただけで、その誤りを即座に発見したとの逸話も残る。

都庁幹部はこの先輩役人を畏怖。毎週火曜の庁議では、御大が姿を見せた途端、全員咳払い一つしなくなったという。

反面、初代公選都知事には、黒い噂もあった。都議と組んでの利権漁りが指摘されたこともある。

例えば、昭和二十五年に開場した大井競馬場――。

この競馬場の場所選定に際しては、安井と都議会議長・石原永明《いしはらえいめい》とが〝談合〟したと囁かれた。当該地である品川区の勝島は、当時の都議会のドン・石原の地元だったからだ。

口さがない雑誌は

「安井は超大利権を与え、石原に恩を着せようとした」(『真相』)

「競馬をめぐり利権は踊る」(同)

などと非難。他の事例も紹介し、安井と石原との腐れ縁を叩いている。ちなみにこの記事のタイトルは、

「伏魔殿東京都庁の醜状をアバく」(原文の漢字は旧字体)

というもので、都政はいつの時代も伏魔殿であったことを示している。

都議会議員の初報酬は月額3百万円だった

さて、地方自治法の制定で、報酬が出るようになった地方議員。

その支給額は、どのくらいだったのだろうか。

また、どのように推移していったのか。

前章で述べたように、報酬額は条例で決められる。つまり、議会によって支給額は異なる。

そこで代表例として、首都東京をリードする、都議会議員の報酬の推移を見てみよう。都の議会局に問い合わせたところ、以下の通りだと教えてくれた（全て月額）。

初めて報酬額を定めた昭和二十二年六月の条例では、三千円。週刊朝日編『戦後値段史年表』によると、同年の都市銀行の初任給は二百二十円が相場である。単純比較は難しいが、都銀初任給を基準にすれば、当時の三千円は今なら月三百万円くらいの感覚だろうか。はじめから高かったのだ。

翌昭和二十三年九月には、一挙四倍、一万二千円まで増額される。

二年半後の昭和二十六年二月には、五割増しの一万八千円へ上昇。同年は十二月にまた上がり、二万四千円となる。年二回のベースアップだ。

で、一年後、翌二十七年十二月には、倍近く上がって四万三千円となる。

……昭和二十年代の推移は以上である。五年で約十四倍だ。報酬が出始めた途端、堰《せき》を切ったように増額しているのである。

もっとも当時、日本は戦後のインフレ期であった。だから都市銀行の初任給の方も、同期間で約二十七倍増、二百二十円から六千円へと上昇している。都議報酬ばかりが倍々ゲームで上がったわけではない。

が、そもそも最初の設定額が高いこと。その後も民間を圧倒する額で推移していること。

以上二つは銘記しておく必要があるだろう。昭和三十年代以降の報酬に関しては、のちほど随時触れることにする。

ときに戦後、地方議会を取り巻く仕組みは大幅に変わった。しかし、だからといって議員の質は変わらない。都議と都知事の競馬利権を紹介したが、他にもスキャンダルが頻発した。新時代を迎えたところで進歩無し。いや、報酬その他公金手当が厚くなった分、がめつさも増したようである。

昭和二十五年には、東京や大阪で、退職金を五割増〜倍増させようとの「お手盛り退職金」問題が発生。報酬だけでは満ち足りぬ、センセイ方の欲深さを見せつけている。

これを「憂うべき傾向」と嘆いた当時の読売新聞社説（昭和二十五年十二月二十七日）は、地方議員の報酬についても言及している。本質を衝いているので以下に引用してみよう。

「都道府県会議員から市町村会議員に至るまでの議員は、会議といってもそれぞれの定職を妨げるほど激務があるわけではないからその職業化は不要であるのみならず害悪をさえ伴うものである。従ってその受ける報酬は勤労者の支給される賃金や俸給とは全く性質の異る（ママ）ものである。議員は当選した以上定められた任期中その職責に忠実であるべきは当然だが、その受ける報酬を勤労者の俸給の如く考えるとすれば、それ自体自ら議員の栄誉を傷つけるものである」

要するに、地方議会の気楽さと、報酬を賃金と混同する思い違いとは、戦後早々から問題にされていたのである。

ちなみに同社説は退職金の使い道を、

「伝えられるところによれば彼等が退職金を求めるのは、次の選挙を行うための費用をこれによって支出せんとする意図からであるという」

と指摘している。報酬を選挙費用と捉える体質も、戦後早々以来のものであるようだ。

昭和二十八年には、旧都庁の議事堂建設工事をめぐり、不思議な出来事が起きている。

入札前日、建築局長が決めた限界価格は、七千五百六十一万円だった。局長はこれを密封し、金庫に入れた。

翌日、入札が行われると——。

何と、限界価格と同額の、「七千五百六十一万円」で請け負うとの札が二つ出たのである。

結局、不正の証拠は見当たらず、この工事は入札額通り着工された。今も都議がらみの工事では、しばしば談合が疑われるが、その本拠地の建設においても〝手品〟が使われていたのである。

翌昭和二十九年二月には、都議会各派で妙な申し合わせがなされている。

「宴会に芸者は入れない」

というものだ。対象とされたのは個人的な宴会でなく、議員としての会合である。役員改選等の際に開く宴会で、芸者を呼ぶなということだ。つまり、それまでは芸者を交えて「会議」を行っていたのである。先に花柳界と政治家の小史を記したが、都議もその端っこを担っていたのだろう。


昭和三十年代に入ると、都議会で画期的な記録がつくられる。

何と、本会議が、わずか一分で散会したのである。

誤植と思われ方もいるかもしれない。念のため、ひらがなで繰り返す。

「いっぷん」

である。

大記録が樹立されたのは、昭和三十年五月二十三日のことだ。

午後四時四十五分に始まった都議会が、同四時四十六分に散会。

保守派の民主党、自由党の対立が原因で、議事進行がストップしたのである。

ただでさえ出席日数が少ない上に、一分で終わる。その一分も、ただ黙って座っているだけ。あるいはヤジを飛ばすだけ。何の特殊技能も必要無し。

傍聴人は呆れたそうだが、「一分議会」はその後もあった。第二章でも触れた通り、地方議会は数分での閉会が珍しくないのだ。

「それに見合う仕事をしてくれれば、地方議員の報酬は高くてもよい」

などという声も聞くけれど、一分とか数分とかでどういう仕事ができるのか。少なくとも筆者は、一分でその日の勤務が終わる仕事というのは聞いたためしが無い。読んだことも無い。地方議会以外には。


この昭和三十年五月には、他にも問題が起きている。

地方議員による税滞納である。

当時、地方財政の赤字は四百六十九億円に及んでいたが、そのうち約十億円が、地方議員による市町村税、固定資産税等の滞納だと発覚したのだ。

自治庁の推計では都道府県議の四人に一人が滞納。督促に来た税務署員を
「クビにするぞ」

と脅すセンセイや、

「税金など納めるのはバカだ」

と吹聴するセンセイまでいたそうだ。

昨今も、やはり地方議員による税滞納が起きている。例えば平成二十七年に、熊本県菊池市議数名が、地方税を滞納。しかも地方自治通のジャーナリスト・相川俊英《あいかわとしひで》氏によれば、役人が徴収をお目こぼしにしたという。

菊池市議は報酬月額約三十四万円、政務活動費二十四万円。都議センセイに比べれば安いが、それでも足して約六十万円だ。仕事の中身と対比させれば高すぎる額だろう。そのうえ税滞納とは……恥知らずもいいところだ。

ところで昭和三十年は、国政で大変動が起きている。

十月に、左右社会党が統一して日本社会党を結党。初代委員長には左派の鈴木茂三郎《すずきもさぶろう》が就任した。

翌十一月、自由党と日本民主党が保守合同を実現し、自由民主党を結成。自民党と社会党を中心とした、いわゆる「五十五年体制」がスタートしたのである。

はじめ自民党の総裁は空席で、鳩山一郎、緒方竹虎《おがたたけとら》、三木武吉、大野伴睦《おおのばんぼく》の四人が総裁代行委員に就任。翌年四月、現職総理の鳩山が、あらためて初代総裁に選出された。代行委員のうち緒方を除く三人は、いずれも東京市会出身である。

ちなみに鳩山一郎は、地方議会を経た初の首相で、これ以後昭和六十二年の竹下登まで、地方議員経験者の総理は出なかった。そのため田中角栄あたりは「県議上がりで首相になった者はいない」と公言していたものである。

また、昭和三十年は、四月の統一地方選で創価学会系候補が当選。七月には日本共産党が「六全協」を開催し、昭和二十六年以降の暴力革命路線を自己批判した。

こののち昭和三十五年には、社会党脱党組により民主社会党（その後「民社党」へ改名）が結成され、学会も公明政治連盟を経て同三十九年に公明党を結党。自民、社会、民社、公明、共産の五党が出揃うことになる。

地方議員、ハイエナの歴史

話を地方政治に戻す。昭和三十一年六月、地方自治法が改正され、報酬に加え期末手当の支給が可能となった。報酬支給から十年を待たずして、今度はボーナスである。

他方、それまで「ルーズに支出されていた」（読売新聞昭和三十一年八月三十一日）地方議員への通信費、調査研究費、弔慰金、退職金などの支給が禁止された。東京都では、法改正を前に都議八十名に対し三千五百万円の退職金が支給され、「血税の食い逃げ!」（同）と批判される事態も起きている。

とはいえ、屁理屈なら天下一品の地方議員だ。地方自治法二三二条の二「普通地方公共団体は、その公益上必要がある場合においては、寄附又は補助をすることができる」を根拠に「議員個人でなく、会派に対してなら支給してもよい」として、調査研究費、調査交付金と称するカネ（税金）が引き続き支給されることになった。

しかも、「会派に対して」との名目ながら、支給額の基準は会派の人数。例えば東京都では、都議一人当たり月額五千円×会派の人数との算出方法で、「政務調査研究費」が払われるようになった（東京都議会局。以下に述べる支給額の推移も同局に問い合わせたもの）。つまり実態は、それまで同様議員個人への支給だったのである。

報酬の伸びに負けてたまるかと、この政務調査研究費も増えてゆき、早速翌昭和三十二年十一月には七千円へと上昇。続いて同三十三年九月には、一万円へとまた上がった。

さらには昭和三十五年四月、一万二千円へと増額。翌三十六年は、二月に二万円へ、九月に二万五千円へと年二度のベースアップを成し遂げている。

昭和三十七年四月には、三万五千円へと増額され、同三十九年四月には、五万五千円へと上昇。「支給禁止」が決まってから約八年で、五千円から五万五千円へと十一倍にも増えたのである。

調査費の話が出たところで、昭和三十年代における都議報酬の推移も追ってみよう（全て月額）。

それまで四万三千円だった報酬は、昭和三十一年十二月、一気に七万円へと上昇。昭和三十五年十二月には十一万円へと増額され、十万円の大台をいとも簡単に突破する。さらに昭和三十九年七月には、ほぼ五割増しの十六万円へと上がっている。

この頃日本は高度成長時代を迎え、昭和三十五年発足の池田勇人内閣は、「所得倍増計画」を掲げていた。しかし都議の報酬は、昭和三十年代初頭からの八年で、倍増どころか四倍増を達成したのである。

報酬と調査費の二重奏。「都議会を監視しよう」（朝日新聞昭和三十三年十二月十日）「べアごっこ」（読売新聞昭和三十五年二月二十五日）といった批判を物ともせず、二つの財布を競り合うように膨らませていくセンセイ方の手腕は、まったくもって見事なものだ。

昭和三十四年、三期務めた安井誠一郎に代わり、東龍太郎《あずまりょうたろう》が都知事となる。この二代目公選都知事は東大医学部出身で、ボート選手としても一流だったそうだ。しかし東が有名なのは、そうした文武両道ぶりよりも、その選挙戦である。あの三島由紀夫が小説に描いたからだ。

東を推す保守陣営に対し、革新陣営は前回も出た元外相・有田八郎《ありたはちろう》を擁立。事実上の一騎打ちとなった戦いは、札束と怪文書が乱れ飛ぶ泥沼選挙となった。中でも世間を騒がせたのが、『般若苑マダム物語』と題する紙爆弾である。

「般若苑」――有田の後妻・畔上輝井《あぜがみてるい》の経営していた料亭だ。候補者本人のみならず、その夫人まで中傷する怪文書がばら撒かれたのである。

鬼才三島はこの選挙戦と有田夫妻を題材に、『宴のあと』という作品を書いた。私生活にも触れた内容だったため、有田はこれを告訴。原告の没後に和解となったが、この顛末は日本初のプライバシー裁判として、後世に語り継がれている。

余談だが、紙爆弾の標的となった有田夫人・畔上輝井は、なかなか個性的な女性だったようだ。

夫の落選後、手放した料亭を再開させようと決意した畔上は、何と吉田茂の許へ金策に走った。ワンマンは「自分は隠居の身だから」と言って池田勇人《いけだはやと》首相を紹介。池田も「現職総理だから」と断って、代わりに佐藤栄作《さとうえいさく》に話をつないだ。佐藤は自ら保証人を買って出て、銀行から一億円の融資が実現。晴れて料亭再開にこぎつけたのである。

この一部始終を記した手記を床屋で読み、感動したのちの自民党政調会長室長・中丸到生《なかまるゆきお》氏（当時中学生）は、畔上に手紙を書いた。

「感激しました。ぜひ一度お会いして、これからの人生の糧となるお話を聞かせてください」

という内容だった。
二、三か月経って、返事が来た。達筆な毛筆で書かれたその手紙には、次のように書かれていた。
「前途有為なあなたにお会いしてお話するような内容のものは何も持ち合わせておりません。私は一介の料亭の女将です。お会いする立場にもありません」

思いは届かなかった中丸氏だが、しかしその数十年後、ある女性から女傑の実像を聞くことができた。畔上の下で働いていた仲居と、ある料亭で邂逅したのだ。

自民党幹部となっていた中丸氏は、その女性に中学時代の思い出を話した。すると、意外な答えが返ってきた。

「会わなくてよかったわよ。あの人くらい裏表が激しい人はいないんだから」

「どのように裏表が激しいの」

「お客さんが来ると玄関先で三つ指をついて科《しな》をつくり、『あ〜ら、先生にお会いしたかったのよ』なーんて言って迎え、座敷を座興で盛り上げ、お開きになりお客さんが帰るのを見送るや否や『あ〜やってられないよ、あんな嫌なお客。塩を撒け、塩を』という調子だった」

新橋・赤坂を盛り上げてきた歴史上の大物たちも、きっと、同じことをされていたのだろう。

話を戻す。東が都知事となった昭和三十四年は、大災害が起きた年でもある。九月の伊勢湾台風で、五千名を超える被災者が出たのである。

この明治以降最大規模の台風被害に対しては、全国から救済の手が差し伸べられた。見知らぬ人同士でも助け合う、日本の美しい光景だ。

——が、「被災者など知ったこっちゃない」と言わんばかりの行動に出る人たちもいた。他でもない、地方議員のセンセイ方である。

台風からひと月も経たぬ十月下旬、首都東京で「第十一回全国都道府県議会議員軟式野球大会」なるものが開会され、都税だけで二百万円が投じられたのだ。

送迎バス代だけで約四十万円、球場側が「無料」と証言する球場使用料も計上されるなど、使途も怪しげなものだった。

しかも開会式では
「来年はもっとサービスしろ！　今年はおそまつだぞ！」

とのヤジまで飛ぶ始末。会場で配られたという弁当袋の中に、期待したのし袋が入っていなかったのかもしれない。

翌昭和三十五年夏には、地方議員の視察旅行があらためて問題になっている。というのも、「辺地教育の実態を見る」との名目で、各地の地方議会がこぞって北海道を視察したからだ。

その頃地方議員の間では、「夏場の視察旅行は北海道」というのが〝常識〟となっており、温泉地が好んで選ばれていたそうだ。古今変らぬ視察旅行の現実である。

ちなみに当時、都議連は季節を問わず伊東の某旅館を定宿にしていた。ヒマをいいことに、静岡までちょくちょく通っていたらしい。

で、その行状はというと――。

風呂無しの部屋に案内されると、「俺を誰だと思うか」と激怒。女中が謝っても、女中頭と女将が謝っても収まらず、主人が平謝りのうえ芸者との野球拳を持ち掛けてようやく落着。芸者の膝小僧をいじくって、「お前が処女か処女でないか、すぐわかる」とセクハラ。

こんな調子ゆえ、芸者間では「最もいけすかない客は都議会議員」と認定されていたという。畔上輝井さながらに、塩を撒いていたのだろう。筆者は「リレー」と称して芸者をバトンのように扱う地方議員の話を聞いたことがあるが、あっちの趣味も、古今、変わりは無いようだ。

昭和三十八年にも、地方議員の視察の実態&性的嗜好を示す出来事が起きている。

岡山県議団一行が、視察先でストリップ観賞に興じていたのである。

場所は同県北部にある湯原温泉。一行はまず地元農林事務所の陳情兼接待の席に着き（その際職員が整列して出迎えなかったといって怒ったとの話も）、その後ストリップを満喫した。

「見たのでなく見せられた」

「ワシらも被害者」

などと釈明するセンセイ方が続出したが、同行した職員の話では、ご一行三十名のうち制止したのは一人だけだったという。

昭和三十八年には、都営住宅用地・競馬場の利権をめぐり、都議二名が逮捕される事件も発生した。

うち一人は前都議会議長の建部順《たてべじゅん》――役人の胸倉を掴んだこともある、その頃のドン――だが、恒例の汚職より、都議会議長の法外な待遇の方に驚かされる。

というのは、当時、議長交際費は何と年間一千五百万円。のみならず、これを上回っても議会局の予備費から流用でき、年に三千万円というのが慣例になっていた。当然ながら（？）領収書も不要で、どこで何に使おうが、ハンコ一つで現金が届けられるという案配だ。無論、原資は税金である。

しかも、議長ポストの旨味は巨額の交際費にとどまらない。

既述の通り、この頃都議報酬は月額十一万円であったが、議長は月に十八万円。任期中に一か月余の外遊＝海外旅行に行けるという特典も付いていた。出発時には業者や都庁各局からの餞別もつく。

また、これはあまり羨ましくないが――都議会議長は自動的に「全国都道府県議長会会長」のポストに就けた。〝天下の地方議員〟の頂点に座ることができたのだ。

こうした金も「名誉」も得られる議長の椅子は、都議の憧れの的だった。議長選のたびに「議員一人あたり百万円で買収」といった噂が流れ、一年ごとにたらい回しをする不文律もできていた。三千万円の税金と、自己満足の肩書を目がけ、ハイエナたちが群がっていたのである。

自浄能力ゼロ、カネまみれの醜悪さ

そして昭和四十年、議長職をめぐる都議連の暗躍にメスが入った。議長選での買収が発覚し、都議が相次ぎ逮捕されたのである。

前年七月、都議報酬は月額十六万円へと増額。議長報酬も月二十四万円へと上昇していた。当初予算における交際費も二千万円に上げられ（実質は三千四百万円）、〝黄金の椅子〟はその輝きを増したばかりであった。

まず三月、贈収賄容疑で都議数名を逮捕。直後に開かれた都議会では、水道料金値上げをめぐって乱闘騒ぎが発生し、その幼稚さとヤジの汚さで、傍聴人を呆れさせている。しかしセンセイ方は危機感ゼロで、「国会並みに警官が来た」とニヤニヤしていたそうだ。

続く四月には、当の現職議長・小山貞雄《こやまさだお》を逮捕。この区議上がりは就任時、議長選での黒い噂について問われ、

「従来とかくの評判があったことはたしかだが、私は人も知る貧乏議員。フェアプレーに終始した。議長交際費も多すぎるとか、使途が不明確だという声もある。これもはっきりさせたい」（朝日新聞昭和四十年三月十日）

などと白々しく回答。事実、「金にはきれいだ」との評もあったというが、裏では大金をばら撒いていたのだ。

第二章で「金が無い」と言いたがる議員を紹介したが、今も昔も〝貧乏議員〟の内実は、所詮こんなものである。

捜査の過程で別の汚職事件も二件発覚し、結局、六月までに十七名の都議が起訴された。こうした都議会の不祥事に対し、昭和三年の市政浄化運動の如く、都政刷新運動が起きた。

学者・文化人が先頭に立ち、都議会リコール運動が進められたのである。

新聞も連日に渡って都議会を糾弾。社説で、特集記事で、議会出直しを呼び掛けた。

ちなみに当時の朝日新聞（昭和四十年五月二日）に、「都議会議員に五つのタイプ」なる特集記事が載っている。

それによると、都議は「利権型」「なれあい型」「サボリ型」「派閥介入型」「勉強型」に分けられ、〝良心派〟といえる議員は「一割もいないでしょう」（都庁幹部）。漢字やローマ字を読めない議員も多かったというから、やはり、都政は昔から酷いのだ。

また、新人議員が「一に利権、二に派閥、三に地元」と言明したとの話も紹介されており、そんな都議でも「議会内で親分をまず見つけ、義理と人情の間を渡り歩く。発言力を強めたい一心で、親分のいうことなら見さかいなくきく」ことで、活躍できてしまうという。これもまた、今と変わらぬ若手の姿だ。

だが、メディアが批判記事を書こうとも、都民が奮闘しようとも――リコールはすんなり進まなかった。成立までには時間がかかりそうな雰囲気だった。

他方、全都議辞職による出直し選挙も議題に上った。一時はこれが実現すると見られたが、結局のところご破算になる。辞職に抵抗する議員が何人もいたからだ。自民党副総裁の川島正次郎、同幹事長の三木武夫《みきたけお》による説得も、効果は無かった。ごねる、居座る、ウヤムヤになるのを狙う……何もかも昨今と変わらない。

しかもこの間都議会では、汚職議員らがニヤつきながらヤジ、罵声を連発。一分足らずで閉会する日もあった。控室ではのんびり相撲観戦し、マスコミが来ると掴みかかって恫喝する始末だ。

「一分会議」をルポした作家・曽野綾子は、都議の醜悪さを次のように皮肉っている。

「頭は脳バイドク、肺は結核、肝ジンすべて悪く、手脚はリューマチで、心臓だけやたら強健」（朝日新聞昭和四十年五月十六日）

今もそのまま通用する、的確・適切な描写である。

ともあれ、リコールは進まず、自浄能力は皆無……こうなれば、国が動くしかなかった。六月一日、国会で「地方公共団体の解散に関する特例法」が成立。四分の三以上の議員が出席し、五分の四以上の賛成があれば、議会を自主解散できるというものだった。この特例法に基づいて、同月十四日、都議会はついに解散・選挙へと追い込まれたのである。

昭和四十年七月、都議会出直し選挙の結果、汚職議員を続出させた自民党は激減し、第二党へ転落。社会党が第一党へ躍り出て、公明党、共産党、民社党も議席を伸ばした。この出直し選以来、都議選は統一地方選と二年ズレて行われている。

「刷新都議会」では議長交際費が五百万円へと削減され、視察も宴会も大幅に減った。簡単に減らせるということは、いずれも必要ないものだったと認めたようなものだ。

議会懐柔策なのか、知事提案で出された「議員が本会議、委員会に出席した際、一日三千円を支給する」という日当案、つまり今の費用弁償案も、各党一致で廃案。ちなみに都議会自民党の反対理由は次の通りだ。

①議員が本会議、委員会の審議に出席するのは当然の職務で、出席手当はスジが通らない。
②十六万円の現行の報酬額で十分と思うが、もし不足なら、報酬額を改正すべきである。
③委員会を連日開くことも予想されるが、この場合、手当欲しさからではないか、と勘繰られるのは迷惑だ。

で、条例案が通って手当が出ることになったとしても、「返上する」との強硬姿勢で、これを廃案に追い込んだのである。①などは普遍的な意見で、時代を問わず通用する正論だ。が、今現在、都議連は一万円以上の費用弁償を享受している——。

ということは、審議に出席するのは「当然の職務」ではなくなったのだろうか。だとしたら、議員の存在理由とは何なのだろうか。

何にせよ、自主解散を経て少しはマシになってきた都議会——と思うのは大間違い。翌昭和四十一年、早くも不祥事が起きている。今度の主役は自民党でなく、刷新選挙で躍進した社会党の都議だ。その顛末は次の通りである。

昭和四十一年六月、タクシーと自家用車が接触しそうになった。自家用車を運転していた女性が無免許だったことに付け込んで、タクシー運転手は恐喝を開始。しめて四万円以上を脅し取った。

女性が警察に相談すると、社会党員だったタクシー運転手は同党都議・沖田正人《おきたまさと》に相談。沖田は警察署に乗り込み

「勘弁してやれ」

と圧力をかけた。警察が無視して捜査を続けると、今度は電話で

「あんなに言っておいたのに何だ、馬鹿野郎！」

などと恫喝したのである。

マスコミに漏れても

「社会党員は悪いことはしない」

「言葉の行き違いだ」

と反省の色無しだった沖田は、のちに衆議院議員となっている。会社員や役人が、ひとたび不祥事を起こしたら、多くの場合立ち直れない。しかし議員は、現状維持どころか出世できてしまうのである。

ときに都議と警察といえば、第二章で紹介した「ザ・都議」は、

「ウチの選挙区の警察は緩い」

と豪語していた。威圧のつもりなのか知らないが、

「警察関係者とタクシーに同乗したとき、運転手に凄んでやった」

などと自慢げに電話してきたこともある。その自信のせいなのか、企業ぐるみの派手な選挙戦を展開している模様だ。「ザ・都議」程度に臆する警察とは思えないが、その選挙区は「利権を漁り放題」との声も聞く。放言を許さぬ徹底した取り締まりを期待したい。

美濃部都政〝陰の都知事〟小森武

さて、昭和四十二年、二期務めた東龍太郎に代わって美濃部《みのべ》亮吉《りょうきち》が都知事となった。初の革新系都知事である。美濃部の首都奪取以後、全国的に革新首長が急増し、「革新自治体ブーム」と呼ばれた現象が発生する。

公明党の独自候補擁立等、様々な原因が重なって、このマルクス経済学者は当選した。二年前の自主解散騒動も、原因の一つに含まれる。つまり、都議会自民党の腐敗ぶりが、〝赤い都知事〟の登場を許したともいえるのだ。

ちなみに都議会自民党は、新知事提案の副知事二人を否決している。「どういう人かよく知らない」との理由だ。おかげで美濃部の一期目は、副知事一人という体制だった。「選挙のプロ」を自任しながらあっさり敗れ、陰湿なやり口で報復する……これが都議、否、地方議員の本質である。「よく知らない」というのなら、都議のことなんて一部有権者しか知らないし、ほとんどの人は知りたくもないだろう。

こういう陰険かつ子供じみた体質は、その後も都議会に脈々と受け継がれている。例えば石原都政のスタート時にも、「手腕が未知数」との理由で、副知事案が否決された。これもまた、他候補を推したのに――しかも手段を選ばぬ選挙戦を展開したのに――、石原に惨敗した腹いせだ。「未知数」などと言い出したら、就任前はみな未知数に決まっている。もっとも、都議連の無能ぶりは既知・周知であるけれど。

で、昨年の小池都知事就任時には、写真撮影を拒否したり、出迎えなかったり。あれで都議会自民党の非常識・卑小さが満天下に知れ渡り、小池人気はますます過熱することになった。〝反撃〟したつもりの「プロ」たちは、かえって決定的なマイナスイメージを植え付けられたのである。

選挙に勝てず、調整もできず、卑劣な嫌がらせをして溜飲を下げ、しかもそれが利敵行為になる……やはり、足軽の集団だ。

話を戻す。美濃部は「天皇機関説」を唱えた憲法学者・美濃部達吉《みのべたつきち》の実子で、東京教育大(現・筑波大)の教授であった。とはいえ大学には年に数日しか現れず、「大学教授」の肩書を使って地方講演、テレビ出演に精を出していたそうだ。事実、経済番組のレギュラーとして、主婦層の人気が高かった。

女性遍歴も華やかで、作家で参議院議員を務めた今東光《こんとうこう》の話では、複数の愛人を囲っていたらしい。ねんごろになったか知らないが、前出の般若苑女将・畔上輝井とも親交があった。

逢瀬の際はSPを追っ払っていたものの、そこは日本の警察だ。「美濃部がステーキやうなぎを食べたら、翌日は彼女とのデート」と見抜いていたという。

その思想はマルクス主義で、周囲もマルキストたちが陣取っていた。東大名誉教授・大内《おおうち》兵衛《ひょうえ》、同・有沢広巳《ありさわひろみ》、九大名誉教授・高橋正雄《たかはしまさお》ら錚々たる面々が、ブレーンとして革新都政を彩った。

そして、もう一人——。

革新都知事を支える重要ブレーンが、デンと控えていた。

いや、ブレーンというより、「黒幕」といった方が正しいかもしれない。なにせ、〝陰の都知事〟、または帝政ロシアの宮廷を牛耳った怪僧になぞらえ〝都庁のラスプーチン〟と称されたくらいなのだから。

小森武《こもりたけし》——この、役人からは「十階の先生」と呼ばれた男こそ、美濃部都政の演出者であった。

とはいえ、小森は都の公職に就いていたわけではない。

「都政調査会常務理事」——これが、〝陰の都知事〟の持つ、唯一の肩書である。

都政調査会とは都の調査、研究等を目的とした団体で、役員には先の大内ら学者グループ、都労連（都の労組）幹部が連なっていた。設立を主導したのは小森である。都の幹部でも何でもない、この一財団法人の役員が、革新都政を仕切っていたのだ。

日比谷のビルの十階に、小森は事務所を構えていた。そこに都庁幹部が足繁く通って指示を仰いだ。「美濃部スマイル」が人気を博した革新都知事は外面が良いだけで、都政に知識も関心も無い。政策も、人事も、全て「十階の先生」がシナリオを描いた。〝表の都知事〟は〝陰の都知事〟と毎日のように連絡をとり、全てを任せきっていた。

「あの人は都政どころか、東京のことすらよくは知らない」（都政研究主筆・大塚英雄）

「美濃部さんに政策立案をしろといっても無理だ」（元東京都政策室長の作家・童門冬二）

こうした〝表の都知事〟の無責任・無関心が、小森をして〝陰の都知事〟たらしめたのである。

しかし、小森が黒幕たり得た所以は、美濃部の無責任さばかりではない。その特異な人脈もあった。ここで、「十階の先生」の来歴を見てみよう。

小森は栃木県の生まれである。高等小学校卒業後、上京して師範学校へ入学するも、ストライキで放校。その後帝都日日新聞記者を経て、上海の大陸新報記者となる。この魔都・上海での生活が、のちの〝都庁のラスプーチン〟の原点となったのだ。

大陸新報社長は、何と弱冠二十五歳の福家《ふけ》俊一《としいち》。その後保守派の代議士となった、愛すべき策士だ。岸信介の子分だが、選挙に弱く大臣にはなれずじまい。されど勘と話術は一流である。

同郷（香川県）の三木武吉から「吹けば飛ぶいち」と茶化された福家は、竹下登さながらに、右翼から「ほめ殺し」の的《まと》にされたこともある。街宣車で皮肉たっぷりにほめ上げる、あの厄介な攻撃を受けたのだ。小森は上海で、まずこのうさんくさくも面白い男と知り合った。

次いで、大陸新報嘱託として同地にやってきた、前出の高橋正雄の知遇を得た。この邂逅が、行く末革新都政を生み出すのである。

また、当時かの地には、南京政府財政顧問であった大蔵官僚・福田赳夫が在住していた。戦後首相となった、あの福田だ。軍需物資を調達する「児玉機関」を主宰していたのちの黒幕・児玉誉士夫《こだまよしお》も上海に居た。

その頃小森は「チンピラのようなもの」（大陸新報オーナー・桐島竜太郎《きりしまりゅうたろう》）だったせいか、福田、児玉と親交は無かった模様だ。だが、同じ大陸に居たとの仲間意識は、後年「上海人脈」を形成することになる。

すでに師範学校時代、小森は『資本論』を読んでいた。前述の如くストライキも起こした。おそらく上海に居た頃も、思想的には左がかっていただろう。しかし魔都で築いた人脈は、右翼、保守派にまで及んでいたのである。

終戦前年に帰国した小森は、戦後、「黄土社」なる出版社を設立する。社名の由来は「揚子江の土で結ばれたので黄土社」（高橋正雄）。つまり、小森・高橋を中心に、大陸新報残党グループで作った会社であった。

社長となった小森は前出の大内兵衛、有沢広巳ら左翼学者の著作を次々と出版し、左派人脈を広げていく。美濃部と知り合ったのもこの頃だ。革新都知事誕生の起点は、この小さな出版社である。

だが黄土社は十年ほどで倒産。新たに小森が立ち上げたのが、先の「都政調査会」である。都労連の金と学者の知性をドッキングさせたというこの団体の設立で、のちの〝陰の都知事〟は都政と本格的に関わるようになる。時あたかも昭和三十年の秋だった。

ときに「本格的」と書いたのは——都政調査会設立の半年前、小森は間接的ながら、都政と接点を持ったからだ。安井誠一郎三選に終わった昭和三十年四月の都知事選において、対立候補・有田八郎の〝都政ご進講役〟を務めたのである。

昭和三十四年の首都決戦でも、小森は有田を応援した。いや、応援団というより「参謀」であった。既述の通り、この選挙は三島の小説の題材となったが、その中でも小森の指南役ぶりが描かれている。「作品の取材源は小森だ」との声まである。

さらに、昭和三十八年都知事選も、小森は革新選対に関与。今度の革新統一候補は有田でなく、前兵庫県知事・阪本勝《さかもとまさる》であった。昨年の増田寛也、かつての浅野史郎……「他県の知事経験者を都知事候補に推す」というやり方は、この選挙が最初である。

三連敗したものの、小森はすでにこの段階で、革新の黒幕となりつつあった。先に記した昭和四十年の都議会買収疑獄の際も、リコール運動の中枢に居た。自主解散直後に発表した

論文では、

「都議会はこの出直しでよくなるだろうか。私は残念ながら、大きな期待はもてないと思う」

と、リアリストの面を見せている。「市民の力が政治を変えた」などと浮かれていたら、とても黒幕にはなれないのだ。のちに記すが、この〝予言〟は的中することになる。

そして、昭和四十二年、ついに小森は勝利する。言うまでもなく、「美濃部亮吉都知事」の実現である。

美濃部担ぎ出しの主役もまた小森であった。高橋正雄の話では、革新の黒幕は初め当の高橋を口説いた。

虚を突かれた左翼学者が、思わず
「ミノベリョウキチ」

と口走ったところ、

「ウーン」

と唸った小森は根回しを開始。出馬、そして四度目の正直へとこぎつけるのである。

〝陰の都知事〟に就任した小森は、都庁幹部に
「君たちは俺を美濃部と思え」

と言い放つほどの権勢を振るった。〝表の都知事〟を裏では

「アイツ」

と呼び、

「あんなの学者じゃない」

と小馬鹿にしていた。美濃部の口の軽さを警戒し、

「アレには大事なことは、もうしゃべっていいという直前まで伝えちゃダメだ」

と、念を押すことさえあったそうだ。


小森のビルには思想・立場を問わず様々な人が来た。記者、財界人、作家・松本清張……田中角栄の盟友・小佐野賢治《おさのけんじ》まで来た。みな誰が真の都知事か知っていた。美濃部都政時若手だった役人に話を聞くと、「十階の先生」の名は庁内で知らぬ者がいなかったという。

都議たちも手が出せなかった。なにしろ小森は都の正式な関係者ではないのだ。議会で吊し上げることもできないし、人事で嫌がらせをすることもできない。都政調査会の不透明さをつつくのが精一杯だった。与党であるはずの社会党も、美濃部初出馬時に「人事不介入」を確約したせいで、〝名ばかり与党〟と揶揄されていた。

都の公職に就いていない、ベートーヴェン好きの一団体理事——いわば一介の〝素浪人〟が、首都政治のドンとして君臨していたのである。

昭和四十六年、美濃部は再選を果たす。この立役者もまた小森であった。今も語り継がれる秀逸なスローガン、

「ストップ・ザ・サトウ」

を考案し、佐藤栄作長期政権への飽きを都知事選に利用。都政と国政とを混同させて、再度勝利を得たのである。

ここで、当時の国政に目を転じてみよう。

美濃部初当選を遡ること二年半前、「所得倍増計画」を打ち出した池田勇人内閣が退陣。佐藤栄作が後継となった。

「人事の佐藤」と呼ばれたこの官僚政治家は、後釜を狙う田中角栄と福田赳夫を張り合わせ、政権は安定感を保っていた。

一方で佐藤は、「待ちの政治」といわれた政治姿勢、暗さ、官僚出身者特有の傲慢さが仇となり、国民的人気は低かった。佐藤は小笠原・沖縄返還など稀有な実績を上げてはいたが、美濃部再選時には七年目の政権に突入しており、都民も食傷気味だった。そこを小森は突いたのである。

〝表の都知事〟の二選を成し遂げ、フィクサーぶりに磨きをかけた〝陰の都知事〟。しかし「小森武」の三文字は、世間的には無名であった。知る人ぞ知る存在でしかなかった。が、革新都政の継続が決まった半年後、その名前が表に出た。いわゆる「保利書簡」問題で、黒幕に光が当てられたのである。

昭和四十六年七月、アメリカ大統領ニクソンが、電撃的に中国訪問を発表。その際特使キッシンジャーが、極秘に訪中していたことも明らかにされた。世にいう「第一次ニクソン・ショック」である。

日本の頭越しになされた米中接近を受け、佐藤政権はそれまで国交の無かった中国との関係打開を図った。その一環として使われたのが、〝都庁のラスプーチン〟の人脈である。

同年十月下旬以降、折しも美濃部は訪中予定であった。これに目をつけたのが自民党幹事長・保利茂《ほりしげる》である。この寝業師は革新都知事に、「新しい両国の関係を樹立すべき時が到来して居る」等の内容からなる北京宛ての書簡を託したのだ。

「革新の顔が、保守政党の大幹部の〝特使〟を務める」——世間は驚き、革新都知事を〝ミノベンジャー〟と揶揄した。無論、キッシンジャーをもじってだ。が、美濃部は単なるメッセンジャーともいえた。段取り役は例の如く、〝陰の都知事〟であったからだ。

美濃部によると、「保利書簡」の件を頼まれたのは、同年九月下旬であるという。持ち掛けたのは外相・福田赳夫である。そしてそれ以前、大枠の話をまとめていたのが保利茂、福家俊一、小森武の三名だ。福家、福田の両者に共通するものといえば——そう、「魔都」である。「保利書簡」の水面下では、小森の上海人脈が蠢いていたのだ。

この一件は大々的に報じられ、「小森武」の三文字は、多くの人々の知るところとなった。その名がマスコミに出たのは初めてでは無い。以前も何度か出たことはあった。既述のように都議会リコール事件の前後、小森自身が筆を執り、新聞・雑誌に寄稿したこともある。美濃部再選の選挙後も、一部雑誌に「名参謀」と紹介された。しかし小森が有名人になったわけではなかった。あくまで知る人ぞ知る存在であった。「保利書簡」の一件で、ようやく〝陰の都知事〟の存在が、世間の口の端に上るようになったのである。

黒幕は光に弱いという。陰にいるからこそ力を振るえるのであって、表に出たら、つまり有名になってしまっては、力を削がれるとの意見だ。これは一理ある説で、例えば都議会のドン・内田茂は知名度上昇と反比例して力が落ち、会派は分裂。離党者も出し、自身は議員を引退する仕儀となった。

しかし、光を当てられても力が落ちない黒幕もいる。

例えば黒幕の代名詞・児玉誉士夫はしばしばメディアに登場し、テレビのインタビューさえ受けている。小佐野賢治や池田大作の名を知らぬ人は少なかろうし、モーターボートの笹《ささ》川良一《かわりょういち》に至っては、長年コマーシャルに出演していた。光に強い黒幕もいるのだ。

小森武もまた光に強かった。「保利書簡」のおかげで大幅に知名度が上がったが、〝陰の都知事〟を退くことはなかった。小森が児玉クラスの大物だったというより、全てを任せきる美濃部の無責任による部分が大きいだろう。

ライトを浴びても〝陰の都知事〟のままであった小森は、昭和五十年の都知事選も乗り切った。この選挙は美濃部の「三選不出馬宣言」、革新陣営の内紛、相手は強敵・石原慎太郎と、様々な不安要素が伴っていた。しかし美濃部・小森の「両都知事」は、芥川賞作家を振り切り三選を遂げたのだ。

結局、美濃部在任の十二年間、小森は〝陰の都知事〟〝都庁のラスプーチン〟であり続けた。余生は隠遁し、都政の内幕を明かすことも無かった。ただ、首都への関心は持ち続けていたようで、後述する安江《やすえ》良介《りょうすけ》を都知事に、と企んだ時期もある。が、安江の死で夢はついえた。その追悼文には次のような一文を寄せている。

「私には、何もかも幻としか思えない。まぼろし、まぼろし、安江もまぼろし、美濃部もまぼろし――」

〝まぼろしの都知事〟の退任から十九年を経た平成十年夏、元〝陰の都知事〟は知人にこう漏らしたという。

「石原慎太郎が再び立つだろう――」

翌平成十一年春、石原慎太郎は再び首都決戦の舞台に立った。小森の予言は的中したのだ。しかし、〝予言者〟はその結果を知ることができなかった。告示の前日、この世を去ったのである。〝陰の男〟の性《さが》なのか、「葬儀は不要」と遺言していた。

赤信号、みんなで渡れば怖くない

さて、美濃部・小森都政の十二年間、都政はどのような状態であったのか？

これがまた酷いもので、近年の民主党政権を彷彿させる体たらくであった。

その象徴的事例を一つ挙げよう。就任翌年に断行された、朝鮮大学校認可である。これ以降、治安当局の監視対象たる朝鮮総連の影響下にある学校が、税制上の減免措置や補助金など、行政支援を受けるようになったのだ。

美濃部の就任時、朝鮮大学校は各種学校として認可されていなかった。学校側から認可申請は出ていたが、文部省は「各種朝鮮学校不認可」との通達を出していた。

新知事は、はじめから認可に向け熱心だったわけではない。なにしろ都政に無知・無関心なのだ。この問題もまたご存知なかったのである。

が、都知事特別秘書・安江良介——岩波書店から迎えられた（のちに同社社長に就任）、この北朝鮮シンパの男が耳打ちしたことで、美濃部は発奮。俄然、認可へ向け動き出した。

革新都知事は嫌がる事務当局の尻を叩き、進歩的文化人が主導した署名もかざし、反対する政府・文部省と対峙。審議会の答申が認可について触れていなかったのをいいことに、昭和四十三年四月、朝鮮大学校を各種学校として認可してしまったのである。

産経新聞（平成二十八年九月二十日）によると、美濃部は認可を認める文書を決裁する際、文部省通達の箇所を自らペンで消すほどの強引さを見せたという。

この認可には右翼や民団（在日韓国人の組織）から批判の声が湧き上がり、美濃部はそれまで一人だったSPを三人に増やした。講演の際も右翼団体が妨害に来たが、それを抑えたのが他でもない〝陰の都知事〟である。以下は美濃部本人の証言だ。

「講演会に際しては、右翼の妨害を最小限に食い止めようと、小森武君が児玉誉士夫氏だかだれだか右翼の大物と話をした、ということもあとで聞いた」（『都知事12年』）

ここでも上海人脈が生かされたのである。

大韓民国を「韓国」と呼ばず「南朝鮮」と言い続けた安江が吹き込み、「尊敬する人・レーニン、マルクス」（同上）と公言する美濃部が実行し、「社会主義を理想とする人で、社会党の左派あたりに位置している」（同上）小森が後始末をつけた朝鮮大学校認可——。

左派のトライアングルによって実現したこの暴挙だが、今や自民党の中にも同学校支援者がいるという。認可の端緒は革新都政でも、次第に都議会自民党と同学校とが接近していった様子なのだ。

現に平成二十三年十二月、当時自民党都議だった野田数（現・小池都知事特別秘書）が都議会で朝鮮学校の件を取り上げたところ、同党幹部から質問取り下げを迫られている。日本人を拉致して返さぬ国の出先機関について問うて、いったい何が悪いのだろうか。何かお小遣いでももらっているのだろうか。

念のため記すと、都議会自民党といっても保守でも何でもないのが実情だ。大方のセンセイは〝無思想〟で、ＴＰＯをわきまえ「思想」も変える。第二章で紹介した「ザ・都議」などは、議員控室の机に卓上の日の丸を置く先輩を小馬鹿にし、外国人参政権にも賛成していたくらいである。

そもそも大半の自民党都議は、与党だから、親族がそうだったから等々の理由で同党に居るわけで、思想や政策で党を選んだわけではない。そういう難しいことには興味がない。銀座で大物ぶることの方が重要だ。しかも孤立が怖いから、上層部で決まったことには逆らわない。それゆえ自民党都議が朝鮮大学校と結託しても、何ら不思議は無いのである。

小池都知事は朝鮮大学校の認可見直しを視野に入れているという。しかし報道先行で、具体的な動きはまだ見えない。それゆえ本気なのかブラフ（脅し、ハッタリ）なのか、まだ見極めが必要であろう。だが、事は治安にも関わる重大な問題だ。「人気先行」「自分ファースト」と言われないためにも、認可取り消しにまで踏み込むことが望まれる。

革新都政時代の都議会を見てみると――またも、不祥事が発生している。それも、つい先年事件になったばかりの、議長交際費の問題が起きたのだ。

「都議会はこの出直しでよくなるだろうか。私は残念ながら、大きな期待はもてないと思う」

まさに、小森武の〝予言〟通りの展開になったのである。

昭和四十年の議長選買収疑獄・自主解散騒動後、刷新都議会は三千万円超だった議長交際費を一挙に五百万円まで減額し、支出項目も限定した。その後交際費は八百五十万円に増額され、報償費も追加。昭和四十七年九月の時点で、実質的な議長交際費は約一千二百万円だった。数年で倍額以上になってはいたが、支出基準が設けられ、使途はガラス張りになったはずだった。

ところが昭和四十七年九月、何と、裏帳簿をつくっていたことが発覚したのである。

しかも、呆れたことに、汚職事件で再選挙となった直後から、二重帳簿を作成していたのだ。自主解散後の都議会は、

「一切ガラス張り」（朝日新聞昭和四十四年六月十七日）

「影をひそめた〝裏取引〟」（同上）

等々メディアも評価していたが、実は全く懲りていなかったのである。

カラ出張、慶弔費等の水増し請求……そんなこんなでひねり出された裏金は、主として議会対策に使われていた。共産党を除く各党で、税金を山分けしていたのである。

当の議長・春日井《かすがい》秀雄《ひでお》は

「メモ的内容と思った」

「知りませんねェ。どういう経緯があったのか……」

「私がでたらめな使い方をしたわけではない」

と、のらりくらり。ちなみにこのセンセイは、前年九月の議長就任時、朝日新聞（昭和四十六年九月二十六日）の取材に

「電話一本の運動もせずに議長になった」

「(議長交際費を)思い切って下げた」

などと空々しく語り、議長報酬の額も忘れたふりをして清貧さをアピールしている。議長選買収疑獄時の小山貞雄と全く同じだ。何度でも言うが、「金が無い」とのたまう議員の正体なんて、所詮こんなものである。

この裏帳簿問題は、結局、「自粛決議」なるものを可決しただけでウヤムヤに終わった。裏帳簿の現物は行方不明。騒動の過程で、議員旅費六百五十万円が使途不明となっている件も明るみになったが、こちらもウヤムヤ。こうなると、もう持病のようなものである。首長が保守だろうが革新だろうが関係ない。いつの時代も地方議会に自浄能力は無いのだ。

なお、東京都議会局によると、直近平成二十七年度の議長交際費は一千万円が計上され、約二百六十四万円が執行されている。いかにも少ない金額だ。報酬や調査費が暴騰したからもう十分ということなのか、あるいは何か裏があるのか。筆者は議員、いや人間なんて今も昔も変わらない、と思っているから、つい不安になってしまうが、それが杞憂であることを願うばかりだ。

議長交際費の問題が出たので、ここで昭和四十年代の都議報酬、調査費の推移を見てみよう(報酬・調査費はいずれも月額)。

昭和四十年代初めに十六万円だった報酬は、同四十五年七月に、二十五万円へ増額。このとき同時に「費用弁償」も導入されている。それまでも出張費等は出ていたが、加えて本会議・委員会に出るだけで、つまり議員として当然の仕事をするだけで、日当がもらえるようになったのだ。

その額は、市部選出都議は一日五千円、区部選出都議は一日四千円。

五年前の刷新都議会時、

「議員が本会議、委員会の審議に出席するのは当然の職務で、出席手当はスジが通らない」と正論を吐いた都議会自民党は、今回は反対していない。ノド元過ぎれば何とやら、であろうか。いちいち書くのが面倒になってきたけれど、裏帳簿の件といい、やはり、懲りない面々である。ちなみにこれは美濃部も賛成した案件で、いわば保革談合の産物だ。革新首長といっても結局のところ、カネで議会を懐柔するのである。

報酬へ戻ると、昭和四十八年十二月には二十五万円が一挙四十万円となり、さらに翌四十九年には五十万円へ上昇。二年連続のベースアップだ。同四十七年を基点と見ると、実に倍増である。民間企業でこんなベアをしていたら、「さすがに、それは……」と、労組サイドも躊躇してしまうのではないか。よく「美濃部都政は借金をつくった」と批判されるが、公平に見て、法外なベアを謳歌していた都議会の責任もあるだろう。

調査費の方は、昭和四十年代初頭から五万五千円のままで、同四十七年四月、七万五千円へ増額。二年後の昭和四十九年四月、また上がって九万五千円となった。報酬ほどではないが、それでも倍近いベアである。

昭和四十年代は、全国的に地方議員の待遇アップ現象が見られ、例えば岐阜市は五年連続報酬ベアを成し遂げている。五割増し、四割増しも珍しくなく、「お手盛り値上げ」と批判が起きた。度重なる不祥事を物ともしなかった都議会も凄いが、他の地方議会もまた頑張っていたのである。

「赤信号、みんなで渡れば怖くない」

昭和五十年代半ば、こんなギャグが流行したのをご記憶の方も多いだろう。しかし地方議員のセンセイ方は、すでに昭和四十年代の段階で、これをギャグでなく本当に実践していたのである。

第四章／都庁「伏魔殿」

舛添都知事以上に「セコイ」都議会

さて、昭和五十四年、美濃部に代わって鈴木俊一《すずきしゅんいち》が都知事となった。

鈴木は内務官僚出身で、自治庁次長、官房副長官を歴任し、東龍太郎都政下では副知事を務めた行政のプロだ。子供の頃、父親の書類の宛先に「東京府知事……殿」とあるのを見て以来、首都政治のトップを目指していた。過去幾度も候補に名前が挙がったが、結局出馬しなかった。副知事退任から十二年にして、ついに大願成就したのである。

で、鈴木が初志貫徹してから四年——お隣の千葉は浦安に、豪華な娯楽施設が誕生した。東京ディズニーランドである。

昭和五十八年四月の開園日には、徹夜組を含む三千人が列をなし、一年後には入場者一千万人を達成。しかも意外といってよいのか、うち七割は成人の入場者であった。大の大人も童心に返り、〝夢の王国〟を満喫していたのである。

そして、その大人たちの中に――。

あの人たちが、居た。

案の定、居た。

浦安市議会にご用意させた、マイクロバスの送迎付きで。

八割引き（！）の優待券まで手配してもらって。

はたせるかな、ディズニーランドができた途端、全国の地方議員が視察と称して浦安に押し寄せたのである。

昭和五十八年春までは、浦安市への視察はほとんど無かった。当時、同市の議会事務局が答えているところでは、年に一件程度であった。

ところがディズニーランドがオープンするや、状況が一変。週に四、五件の割合で問い合わせが舞い込み、毎週のように地方議員がやってきたのだ。

それぞれ視察名目は、

「図書館の新設計画があるので浦安の進んだ図書館システムを見せてもらった」

「青少年問題を視察した」

などというもので、遊園地には
「ついでに寄っただけ」

だと強弁。しかし無論のことながら、真の狙いはディズニーランドでたわむれることである。

浦安市議会事務局によると、行政視察は午前中にさっさと済ませる事例ばかりで、午後はまるまる遊園地で遊ぶというのが常だったという。しかも先に記した如く、バス送迎や優待券まで市で面倒を見ていたそうだ。「視察」で訪れた後、家族や愛人を連れ私的にディズニーランドに来た議員も居たはずだが、その際も市は世話を焼いたのだろうか。

ともあれ、地方議員の〝バカンス視察〟は、過去から現在まで定期的に問題となっているのだ。やれ昼間から酒だ、芸者遊びだ、ゴルフだ、飛行機の禁煙席を喫煙席に変えさせた、添乗員に裏日程をつくらせた、報告書を丸写しした……こうした愚行がこれまで何度も報じられ、それでも懲りずにまた同じことをやるのだ、地方議員なるものは。

そもそも
「現地を見ることに意義がある」

「見聞を広める」

などという視察の本旨からしてまやかしなのに、実態は飲む・打つ・買うの物見遊山。視察制度自体を廃止しないと、今後も税の無駄遣いが繰り返されるに決まっている。

ときに「飲む、打つ、買う」の中で、地方議員のセンセイ方が一番好むのは――。

もちろん、三番目。

「買う」である。

地方議員の買春視察の代表として、「徳島買春ツアー事件」を紹介しよう。

昭和六十三年九月下旬、徳島県吉野町議ご一行が、タイ、シンガポール視察へ飛び立った。

「徳島町議がなぜ海外に?」と言うなかれ。

「外国の行政事情について議員が知識を深め議会の活動能力を高める」ために行ったのだ。いにしえの遣隋使・遣唐使、あるいは明治維新後の岩倉使節団に匹敵する、実に立派な志ではないか。

知識欲に燃えた一行は、タイ・バンコク空港に到着。まずはバスで市内観光を楽しんだ。これくらいは許そう、着いたばかりだし。

しかし観光が終わっても、一行はホテルにも役所にも向かわなかった。バスはそのまま怪しげな店へと走っていった。

その、目的地とは——。

何と、売春宿に向かったのである。

店内には十三歳から二十五歳までの女性が百人ばかり並んでいた。その中から選んで交渉し、話がまとまればその後ホテルに来る、というシステムだ。

視察初日にいきなり買春——何のことはない、徳島町議ご一行は、知識欲でなく性欲に燃えていたのである。

しかも、買春代金として、事前に各議員に議長交際費から三万円を配布。さらには性病予防薬まで配られた。何から何まで税金を使った、至れり尽くせりの買春ツアーだったのである。

この話には後日談があり、帰国後一行の一人が

「向こうの女は……」

などと自慢。噂が町中に広まり旅費返還を求める訴訟沙汰になったのだ。

ところが、高裁にて「買春ツアー」と認定された直後の選挙で、〝売春組〟八人のうち六人が当選。吉野町民は意外な度量の広さを見せたのである。

この一件はおしゃべりが居たから発覚したが、表沙汰にならない買春視察は一体何件あるのだろうか。

ところで鈴木俊一が都知事の時代は、元内務官僚の中曽根康弘が首相となり、同じく同省出身の後藤田正晴が官房長官等を歴任。鈴木も〝内務省のエース〟であったことから「内務官僚の時代」と見る向きもあった。ここで、国政の流れを見てみよう。

昭和四十七年、七年八か月に及んだ佐藤栄作政権に代わって田中角栄内閣が登場した。〝庶民派宰相〟は就任早々「日中国交正常化」を実現。既述の美濃部、小森が関与した「保利書簡」は実を結ばず、角栄の手で日中の井戸が掘られたのである。なお、革新都知事は今太閤と正式には一度も会談していない。貴族趣味の美濃部はガサツな越後人を嫌ったのであろ

う。

昭和四十九年、角栄が退陣して三木武夫内閣が成立。翌昭和五十年、国鉄等の公営企業のストライキ権を求める「スト権スト」が発生した。八日間に及ぶも失敗に終わった空前のストのリーダーは、国労書記長・富塚三夫《とみづかみつお》である。この労働貴族はその後総評事務局長に就任し、都知事退任後、革新系無所属で参院選に出た美濃部の選挙を支援している。

ちなみに富塚も都議並みに、もしくはそれ以上に銀座好きで有名だ。ジャーナリスト・高野孟の話では、〝労働界の角さん〟が

「おい、小遣いくれや」

と国労に電話一本入れると、たちどころに百万（昭和五十年代前半当時）の飲み代が届くのだそうだ。

「金が無い」「住民のため」「税の無駄遣いNO」「財政ピンチ」

表向きはこう叫ぶが、裏では税金で遊び歩く地方議員（もっとも業者の金で豪遊する議員も多いという）。

「労働者の味方」「勤労者のための政治を」「ベア実現」

表向きはこう叫ぶが、裏では組合費で遊び歩く労組幹部（もっとも富塚は大っぴらに遊び回っていたという）。

偽善性といい、他人のカネで遊ぶセコさといい、何やら両者は似ているようだ。

昭和五十一年に、小森武と「大陸仲間」であった福田赳夫が総理となり、同五十三年には大平正芳内閣、同五十五年には鈴木善幸《すずきぜんこう》内閣が成立。大平、鈴木両政権は田中角栄の影響力が極めて強く、「角影内閣」「直角内閣」などと揶揄された。

中曽根が首相になったのは昭和五十七年で、これも今太閤の力であった。が、〝闇将軍〟として猛威を振るった角栄は、昭和六十年、病に倒れる。その直前に「クーデター」を起こした竹下登が田中派の大部分を集め竹下派を結成し、昭和六十二年、総理の椅子をもぎ取った。竹下内閣がスタートした一年二か月後、昭和天皇が崩御され、時代は平成へと変わるのである。

続いて昭和五十年代以降の都議報酬、調査費の推移を見ていこう（全て月額）。まずは都議報酬からだ。

昭和五十年代初め五十万円であった報酬は、同五十四年七月に、六十三万円へと増額。三年後の昭和五十七年三月、今度は七十四万円へと上昇する。

また、昭和五十七年は、四月に費用弁償（事実上の交通費）も上げられている。それまでの市部一日五千円、区部一日四千円から、市部一日一万二千円、区部一日一万円と、一挙に倍以上もハネ上がったのだ。

時折、公務員の交通費が問題にされる。不正受給をした、定期券を半年にすれば減額できる等々……が、都議の一日一万以上の「交通費」に比べれば、公務員の無駄遣いなどかわいいものだ。

この昭和五十七年四月に決まった「一日一万円以上の交通費」は、現在まで継続中である。さすがに都議会内でも何度か疑問の声が上がり、平成二十七年には実費支給とする改正案が出されたが、自民、公明、民主各党の反対によって先送り。で、その後は、例によってウヤムヤ。

舛添元都知事を「セコい」と言った都議会だが、あなた方とてセコいですよ、ニュースバリューが無いのを逆手にとってウヤムヤにしている分、より狡いですよ、と言いたくなるのである。

国際学者舛添要一が指摘したゾンビ集団

昭和六十一年三月に、都議報酬は七十四万円から八十二万円へ増額。二年後の昭和六十三年三月にまた上がり、八十五万円へと上昇した。自作自演のベアだけあって、順調に伸びている。無論、報酬が上がったからといって質が上がったわけでは全く無く、昭和六十年には「議長たらい回し」が問題となっている。

先述の通り、旨味の多い議長ポストは、かつて自民党が一年交代でたらい回しにしていた。しかし、昭和四十年の買収事件を契機にこの悪習は改められ、以後の議長は二年程度在任するのが一般的だった（一年で交代した議長もいる）。

ところが昭和六十年、再びたらい回しの動きが浮上。これはメディアに叩かれたことで立ち消えになったが、そこはゾンビのように復活する都議会だ。平成二十一年以降、一年交代の議長が続出しているのである。都議の辞書には「反省」「改心」等々の文字は無いのだ。

話を戻す。報酬に続き昭和五十年代以降の調査費の推移を追ってみよう。

昭和五十年代初め九万五千円だった調査費は、同五十一年十月に、十四万円へ増額。二年後の昭和五十三年一月、今度は二十五万円へ上昇した。一年と少しで三倍近いベアである。

さらに昭和五十九年一月、二十五万円から三十五万円へ増額。二年後の昭和六十一年一月にまた上がり、四十五万円へ上昇した。

調査費は十年で約五倍に跳ね上がったわけだが、既述の通り議員の質は上がらなかった。かといって劣化もしていない。過去、現在、そしておそらく未来も、一貫して地を這うような低空飛行である。


さて、昭和が終わり平成を迎えると、竹下内閣が退陣し、宇野宗佑《うのそうすけ》内閣が登場した。

宇野はハーモニカの名人で、ピアノも弾けて剣道も強い。乗馬もこなし小説も書く。しかしこの才人は、女性問題が発覚し、約二か月で海部俊樹《かいふとしき》内閣へと代わってしまった。

スキャンダルといえば、地方議員も負けてはいない。新時代の幕開けだというのに、以下のような不祥事が各地で起きた。

・茨城県村会議長が女子中学生とハレンチ行為。
・京都府宮津市議が視察先の兵庫でコンパニオンを羽交い絞めにし、集団で触る、抱きつく、ノゾくという強制ワイセツまがいのセクハラ。
・山形市議が視察先のパリで万引き。
・埼玉県男性市議が視察先の福島県東山温泉で女湯に全裸で乱入。

ちなみに地方議員の不祥事は、女性がらみが断トツであるが、窃盗関係も少なくない。キリがないのでいちいち例は挙げないが、発生率を職業別に分類したら「地方議員」は上位に食い込むに違いない。

翌平成二年には、都議十名がオープン前のゴルフ場で、無料プレーを楽しんでいる。とはいえ遊びというわけではなく、「都民の代表である都議に、ゴルフ場を理解していただくため」（読売新聞平成二年十一月二日）の〝視察〟だったそうだ。都議、否、地方議員のお仕事は、実に多岐に渡っているのである。

それにしても、ゴルフ場とは「理解」するものなのか。プロゴルファーはいざ知らず、それ以外の人は「理解」でなく「遊ぶ」「楽しむ」ではないのか。都議、否、地方議員とは、常人と異なる言語空間に生きているようだ。

平成三年から五年にかけては、地方議員によるハレンチ事件が全国的に発生している。
・平成三年、熊本県議が同県女性市議の胸を公衆の面前で鷲掴み。ちなみにくだんの県議は四年後に叙勲。
・平成三年、十年で八十二件に及ぶ強姦、強制ワイセツを繰り返していた埼玉県市議を逮捕。
・平成四年、東京都三鷹市議ご一行が視察先の米子でストリップ観賞。
・平成五年、東京都日野市議が「父の日」と言ったウグイス嬢に「乳の日、乳の日」とセクハラした挙句、お尻を触る。

平成六年には、金銭的なハレンチ事件が起きている。

失踪していた奈良県天理市議が一年ぶりに議会に出席。同市の条例は「議会活動を一年以上休んだ場合、以後の報酬などの支給を停止する」と規定されているため、一年に一度しか議会に出なかったその市議は、報酬その他しめて一千五百万円を手にしたのである。

年に一度、議会に出席しただけで、一千五百万円——。

日給一千五百万円、議会の開催時間は詳らかでないが、おそらく時給数百万円……まさに「地上の楽園」である。

ちなみにくだんの市議はこう弁解している。

「議員としての仕事は、議会に出ることだけではない」

地方議員が「ヒマ」「楽ちん」などと突っ込まれたとき、必ずのたまう言い訳である。

ときに平成に入ってからは、国政で地殻変動が起こった。

平成三年、海部内閣に代わって宮澤喜一内閣が成立。しかし宮澤政権は、自民党内最大派閥・竹下派の分裂、政界再編の波に巻き込まれ、平成五年の総選挙後に退陣する。

宮澤内閣に代わって日本新党代表・細川護熙《ほそかわもりひろ》を首班とする七党八会派の連立内閣が誕生。自民党は三十八年座ってきた政権の椅子を明け渡したのである。

しかし細川内閣は一年ともたず、翌平成六年に羽田《はた》孜《つとむ》内閣が成立。この政権も約二か月で総辞職に追い込まれ、自民党が推す形で社会党首班の村山富市《むらやまとみいち》内閣が登場した。

村山は平成八年に政権を降り、代わって自民党首班の橋本龍太郎内閣が誕生。橋本は平成十年の参院選で敗北し、その後小渕恵三内閣が発足した。平成に入ってからの約十年、すなわち九十年代は、これまでになく与野党が入れ替わった時代だったのである。

東京都知事の方もまた代わった。

平成七年、鈴木俊一退任後に青島幸男が都知事に就任。この元いじわるばあさんは一期で辞め、平成十一年、作家の石原慎太郎が都知事となった。青島、石原あたりになると、読者の方も馴染みが深く、記憶に新しいだろう。

ただ、都知事が交代しても、都議会は何も変わらない。

例えば平成七年には、都議の海外視察団が、現地での懇親会をでっちあげ、領収書を偽造して経費を水増し請求。「通訳代やバス代が予想以上にかかった」などと弁解したが、いかがわしいお店に「視察」に行ったのではないかと心配になるところだ。

また、平成十年には、都議十名がノーパンしゃぶしゃぶで宴会を開いたことが発覚している。ノーパンしゃぶしゃぶといえば大蔵官僚の接待がまず浮かぶが、やはり、都議連も隅には置けないのである。

こうした都議会の醜状に、筆誅を加えた正義漢がいる。

誰あろう——当時国際政治学者であった、舛添要一前都知事である。

平成十一年、都知事選で石原に敗れた舛添は、立候補者の責任として、都政を監視する義務があると考えた。そこで、都議会を傍聴し、その様子を『週刊読売』平成十一年八月一日号でレポートしたのである。

「都議会を傍聴して、あきれたこと」と題するそのレポートを、以下に抜粋してみよう（原文の数字は算用数字）。

「一時に開会して、十五分後に傍聴席に着いたところ、すでに多くの議員が眠りについている。（中略）都民は、午後の一時には、額に汗して働いている。その都民の税金で歳費（ママ）が賄われている都議会議員が、これでは困る」

「都議会議員一人当たり、年間二千九百九十万円のカネがかかっている（平成九年度決算）。その内訳は、議員報酬が千九百十二万四千百円、ハイヤーが五十七万五千二十三円（一人平均）、庁有車が二百三十九万五百五十一円（一人平均）、費用弁償（旅費）が六十一万三千九百円（一人平均）、政務調査研究費が七百二十万円（一人当たり、月額六十万円×十二ヵ月、ただし各会派に支払われる）である。つまり、都民は、一人の議員に毎月二百五十万円もの経費を払って、都政を任せているのである。せめて、それにふさわしい仕事をしてもらわねばならない」

「もし、議会を平日は夜、そして土日、祝日に開くとすれば、サラリーマンも傍聴に出掛けることが可能になる。自分の選挙区の有権者が傍聴している議会で、すやすやと鼾《いびき》をかくような議員はいなくなろう。しかも、傍聴のみならず、今のサラリーマンの仕事をやめずに議員に立候補することもできるようになる」

……どうだろうか。実に立派な意見ではないか。

「公私混同で都知事を辞めたマスゾエの言うことなんて……」

という先入観を除いて読めば、多くの人が膝を打つのではないだろうか。

で、のちの都知事は次のように述べてレポートを締めくくっている。

「私が都知事選挙で訴え、実行しようとしたことは、普通の市民が容易に立候補できるような体制づくりであった。カネをかけない選挙、サラリーマンが代表になれる議会が実現されないかぎり、日本の政治に明るい未来はないであろう」

この主張もまた、賛成する人が多いであろう。

しかし――。

いざ、舛添が都知事になって、これらの持論を実現しようとしただろうか？

夜間議会、土日、祝日議会を導入しようとしただろうか？

答えは無論、「NO」である。

それどころか、「経費にふさわしい仕事を」と都議を批判していたご当人が――公用車で別荘通いをしたり、視察にかこつけて美術館めぐりをしたり、海外紙にまで「ｓｅｋｏ·ｉ」と書かれる公私混同ぶりを発揮したのである。

言うは易し行うは難し。政治家に期待するのもよいけれど、ほどほどにしておかないと後の失望が大きくなる。そのことを、〝公私混同知事〟の生き様が教えてくれている。

石原慎太郎都知事の人気にぶらさがる

ここで、平成になってからの都議報酬、調査費の推移を見てみよう（全て月額）。

改元時八十五万円だった報酬は、平成二年三月に、九十万円へと増額。一般庶民の間では、大金の代名詞ともいえる「百万円」まであと一歩だ。

「さすがに、大台突破はそう簡単にいかないだろう」

そう予測する向きもあるかもしれない。されど都議連は想像以上のタマだった。

平成四年三月、報酬は百二万円へと上昇し、いとも簡単に大台を突破したのである。たった二年の早業だった。

二年九か月後の平成六年十二月には、百六万円へと増額。さらに平成八年三月、百八万円にまた上がった。約二年おきの着実なベースアップである。

平成九年四月には、行財政改革の一環として、都議報酬も減額される。とはいえ百二万六千円と、「大台」はしっかり維持している。

平成元年、四十五万円であった調査費の方は、同三年七月、五十五万円へと増額。平成八年一月には、現在まで続く六十万円へと上がった。

五十五万円、六十万円といったら月給としてもかなりの額だ。しかし都議連は、百万円を超える報酬とはまた別に、これだけの額を税金から受領しているのである。

で、平成十二年、すなわち西暦二〇〇〇年五月——地方自治法改正によって、それまでいわば「脱法的」に支給されていた調査費が、めでたく制度化されることになった。

「普通地方公共団体は、条例の定めるところにより、その議会の議員の調査研究に資するため必要な経費の一部として、その議会における会派又は議員に対し、政務調査費を交付することができる。この場合において、当該政務調査費の交付の対象、額及び交付の方法は、条例で定めなければならない」（地方自治法第百条第十三項）

ということで、あらためて「政務調査費」が支給される次第となったのである。

とはいえ名前が変わっただけで、実態はそのままだ。東京都議会は従来通り、一人あたり月六十万円。会派に人数分払われていた調査費が、堂々と各議員へばら撒かれるようになったわけである。

平成二十五年四月にまた地方自治法改正がなされ、政務調査費から「政務活動費」へ改名。で、相変わらず都議会では一人六十万円が継続され、他の自治体も首都ほどの高額ではないにせよ、「第二の報酬」を謳歌しているという案配だ。

政務調査費、その後の政務活動費が制度化された目的は、「地方議会の活性化」であるという。

では、狙い通り、地方議会は活性化したのか。法改正の意味はあったのか——。

否、予想通り、そんなことは無かった。制度化以後も、地方議会は不祥事を頻発しているのである。

まず平成十二年十一月、東京都江戸川区議が女子高生二名を十万円で買い、児童買春で逮捕。この区議は他にも無職少女二名を三万五千円ずつで買ったのをはじめ、余罪二十件が発覚している。

政務調査費の制度化直後、こんな事件が起きているのだ。地方議会でなく下半身がより「活性化」してしまったのである。

翌平成十三年も、千葉、神奈川などで視察をめぐる不祥事が発覚。大阪府議会の「大物」が、事務所員採用面接時にセクハラをするという事件も起きている。法律をどう変えようが、地方議員は変わらないのである。

ところで平成十三年といえば、小泉純一郎内閣が誕生した年だ。

平成十二年、小渕首相が病に倒れ、森喜朗内閣が発足。森は支持率低下の果てに一年で辞任し、国民的人気の高い小泉が総理となる。その支持率は八〇%を超え、列島を「小泉ブーム」が席巻した。

この人気に飛びついたのが、都議選を控えていた都議会自民党である。

平成十三年三月、森内閣の不人気ぶりに焦った彼らは、党大会に揃いのハチマキ姿で登場。気勢を上げたうえ、執行部（都議会自民党でなく党の執行部）批判のビラを撒いた。合言葉は「自民党再生」だ。

自民都議連は雑誌でも党執行部を糾弾。『サンデー毎日』平成十三年四月八日号の座談で

は、豊洲移転問題で話題の江東区長・山﨑孝明《やまざきたかあき》（当時自民都議）が
「極論すれば、小沢一郎を総理にして、自民党がバックアップしてやろうというくらいでなければ、解党的出直しとは言えない。（中略）それが、小泉（純一郎・元厚相）だ、野中（広務・前幹事長）だ、あるいは橋本（龍太郎・元首相）だと。派閥の論理以外なんでもない」
と憤慨し、現衆議院議員・大西英男《おおにしひでお》（当時自民都議）も
「野中先生を私は尊敬しています。しかし、今は出直し的改革のシンボルたり得ない。小泉さんもしかり。こういう人たちがやっぱり今の国民的批判を浴びる自民党の現実を作り上げてきたリーダーたちですから」
と歩調を合わせた。
で、不評の森内閣・自民党の代わりに彼らが頼った相手は――高い人気を誇っていた、石原慎太郎都知事である。
二年前の都知事選では、都議会自民党は他候補を推し、都連発信の怪文書まで撒いて石原攻撃に終始。ところが惨敗するや接近し始め、森内閣末期には、代表質問で「知事とともに身を挺して歩んでまいる所存です」（都議会自民党幹事長・佐藤裕彦《さとうひろひこ》）と、露骨におもねるほど石原人気に頼っていた。ポスターなどでは「自民党」の文字を小さく載せ、代わりに都知事の写真を大きく載せる小細工も流行った。

しかし、平成十三年四月、小泉内閣が発足し、空前の高支持率で迎えられると――。都議連の執行部批判は急速にしぼんだ。いや、無くなった。

「小泉ではダメだ」と公言していた山﨑も大西も、ほんの数週間前の発言を忘れたかのように沈黙した。

自分たちの法外な待遇や、「開始十五分で昼寝」（前掲舛添レポート）という仕事ぶりを棚に上げ、執行部批判を展開する神経も凄いが、媚びる対象をあっさり変えていく様もまた凄い。彼らの辞書には「長いものには巻かれろ」「寄らば大樹の陰」の二項が太字で書かれているのかもしれない。

今、裏で小池潰しを画策している都議たちも――安倍自民党への支持が急落すれば、恥も外聞もなくキャスター上がりにすり寄るだろう。逆に小池人気が下がったら、表立って女性都知事を批判し出すに違いない。

都議会自民党が無節操ぶりを見せつけた翌年には、負けじと都議会民主党がスキャンダルを起こした。

平成十四年十二月、民主党都議の福島寿一《ふくしまじゅいち》が強姦致傷事件をやらかしたのである。

この秘書上がり・区議上がりは、二期目の区議選でウグイス嬢に替え玉投票をやらせた札付きだ。地方議員の習性として、夜の街をこよなく愛した福島は、六本木で以下のような洒脱な会話を繰り広げていたという。

「俺が何で都議のバッジを付けないか知ってる？」

「……？」

「アルマーニに似合わないからだよ……！」

やはり、都議はお金持ちなのである。

が、軽口を叩くまでで止めておけばいいのに、この都議はホステスを強引にホテルに連れ込み、ケガまで負わせてしまったのだ。「平成の金太郎」を自称していた福島は、はじめ容疑を否認していたが、結局、辞職勧告決議案を出された後に辞職した。

平成十五年から十六年にかけては、地方議員による買春事件が立て続けに明らかになる。まず平成十五年、埼玉県議団が視察先のタイ・バンコクで買春をしていたことが発覚。しかも女性を伴いホテルへしけこむ姿がカメラに撮られた。センセイ方は
「部屋の中には入れていない」

と、例によって弁解。しかし埼玉県議会は、日韓ワールドカップにからむ韓国視察の際も、「買春した」と囁かれている。

次いで平成十五年、今度は横浜市議団が、視察先の台湾で買春。こちらもまたカメラに撮られた。しかも同市議団による「台湾買春」は、毎年恒例の行事だったようで、拒むと帰国後に嫌がらせを受けてしまうのだという。何度でも書くが、これが地方議員の視察の実態なのである。

浜渦武生副知事の「やらせ質問」

平成十七年、小泉総理の手で「郵政解散」が断行された。

郵政民営化に賛成か否かで公認候補を選別した小泉は、反対派の選挙区に刺客を立てる。堀江貴文、片山さつき……多方面から選ばれた刺客の一人が、兵庫から東京へと国替えした小池百合子だ。今思えばこのとき「くノ一」を務めたことが、のちの「小池都知事」への第一歩であった。

「小泉劇場」の効果で自民党は大勝し、小泉政権は五年半続いて閉幕した。その後安倍晋三、福田康夫がそれぞれ一年ずつ総理を務め、平成二十年九月、麻生太郎内閣が成立。麻生は翌年、任期満了ぎりぎりで解散を打つが、自民党は大敗して十六年ぶりの下野に追い込まれた。この総選挙の直前に実施された都議選で、都議会のドン・内田茂が落選している。

平成二十一年九月、民主党へと政権は移り、鳩山由紀夫、菅直人、野田佳彦の三人が首相となった。その結果は「地方議会と見紛うばかりであった」の一言で足ろう。

で、平成二十四年十二月、総選挙で民主党に鉄槌が下され、自民党総裁に返り咲いていた安倍が第二次内閣を組織。安倍は平成二十六年の衆院選でも大勝し、現在まで第三次内閣に至っている。

「小泉旋風」が吹き荒れた平成十七年は、都政においても変動が起こった。都議会との確執が原因で、二期目を迎えていた石原都政の中枢・浜渦武生《はまうずたけお》副知事が更迭されたのである。

発端は都議会での「やらせ質問」だった。以下に概要を記してみよう。

同年二月、都の補助金で建設された東京都社会福祉総合学院の建物が、民間の学校に転貸されていた事実が発覚。新聞に報じられたにもかかわらず、都議会はこれを問題にしなかった。いつもの〝チェック機能の無さ〟をここでもまた発揮したのだ。

浜渦はこの件を議会で質問するよう民主党都議に依頼。都議会予算特別委員会において、要望通りの質問がなされ、副知事自ら答弁する。

「不法でない形で処理させせないといけない」

という内容だった。

この答弁に対し、自民・公明を中心に

「予算案を提出している副知事が、補助金に不正があるかのように言うのはおかしい」

との声が噴出。都議会は三十五年ぶりに百条委員会を設置する運びとなった。

百条委員会とは地方自治法第百条に基づくもので、関係者の出頭、証言、記録提出を請求できる特別委員会だ。正当な理由なしに証言を拒否したり、虚偽の答弁をしたりした場合には、罰則が科せられる。ぬるま湯の地方議会では唯一といってよい、緊張感を伴う舞台だ。

百条委の場に呼び出された副知事は、

「不法、違法とは思っていない」

と答弁を修正し、

「質問していただくようにお願いしたことはございません」

と民主党サイドへの働き掛けも否定した。

しかし、都議会議長だった内田茂が
「浜渦副知事によって仕掛けられたことは明らかだ」

と証言。

くだんの質問がなされる前、民主党幹部から
「浜渦副知事から質問されるよう頼まれて困っている」

と複数回に渡って相談を受けていたことも暴露した。

結局、百条委員会は、民主以外の賛成多数で浜渦証言を虚偽と認定。同委員会がまとめた報告書は
「〝やらせ質問〟の狙いは（副知事と対立する）政治家の追い落としにあった」

と結論づけた。

事態を受けた石原都知事は、

「泣いて馬謖《ばしょく》を斬る以上の気持ち」

「浜渦と二人で涙を流し合った」

と、無念がりながらも側近斬りを決断。副知事は辞職に追い込まれたのである。

……以上が「やらせ質問」の顛末だ。石原サイドから一本とった形の内田は、これ以後力を増大させ、「ドン」へと成り上がったと見る向きもある。実際、内田は浜渦辞任の直後に自民党都連幹事長に就任。昨夏の都知事選に破れ引責辞任するまで十一年に渡り同ポストに居座った。

ただ、「やらせ質問」というやり方は別として――東京都社会福祉総合学院の転貸問題に、どす黒い疑惑が横たわっていたのは事実のように見受けられる。

雑誌『選択』(平成二十四年十二月号)は「自民党東京都連」と題するレポートの中で、次のように報じている。

「福祉総合学院の建設には(ママ)、福祉・建設という自民党都連の利権の本丸でもあり、都庁OBも深く関与していた。警視庁へ告発する動きもあったが、『内田らが既に根回しを終えていた』(警視庁OB)ために、刑事的には立件されなかった」

この記事の指摘が正しいとすれば、「やらせ質問」という手法より――細かくいえば地方議会の審議など、やらせ、代筆だらけである――、内田を筆頭とする足軽たちの利権漁りの方こそ問題ではないのか。

前出の百条委員会報告書は

「〝やらせ質問〟の狙いは（副知事と対立する）政治家の追い落としにあった」

とまとめているが、「政治家」の前に
「利権をむさぼる」

という一文を挿入した方が正確かもしれない。浜渦も副知事という立場にいた以上、不正があったとの確信が無ければ「やらせ質問」などは仕掛けないはずである。

しかも同記事は、内田が警察に根回しをして立件を抑えたとの証言まで紹介している。第一章で、なぜか不起訴に終わった「ビール券配布事件」について触れたが、ドンは捜査当局にとっても〝アンタッチャブル〟な存在だったのだろうか。田母神俊雄《たもがみとしお》や徳洲会グループの選挙違反には容赦なく切り込んだ当局も、予算を握るドン相手では動きが鈍るというのか。

小池都知事は立候補時に、「利権追及チーム」の発足を標榜した。それならば、ドンをはじめとした都議連の利権を、過去まで遡って徹底追及すべきだろう。五輪や豊洲の背後にも、様々な利権が渦巻いているはずである。それらを抉り出さねば「見える化」などと言っても信用できない。

ともあれ、東京都社会福祉総合学院の問題は、「やらせ」ばかりがクローズアップされたため、「足軽たちの利権漁り」という事の本質が隠れてしまった感がある。特異な手法や主従のドラマに目を奪われるのもよいけれど、それだけでは「木を見て森を見ず」になってしまう。不正も辞さず利権をむさぼる都議連の暗躍の方こそが、百条委にかけられるべき大問題である。

コケにした石原慎太郎に今度は恥も外聞もなくすり寄る

平成二十四年十月、石原慎太郎は国政へ復帰するため突如として都知事を辞任する。前年四月に四選を果たしたばかりで、任期を約二年半残しての辞任劇だった。

鈴木俊一の四期十六年に次ぐ、約十三年半に及んだ石原都政。選挙は毎度楽勝だったせいか、安定した治政との印象もある。だがそのスタートは、「石原都知事の一期目の前半は『オール野党』だった」（『誰が「都政」を殺したか？』）と指摘される、不安定なものだった。例によって、都議会の嫌がらせを受けたのである。

平成十一年四月の初登庁時、控室の挨拶回りで新都知事を出迎えた都議会自民党のメンバーはゼロ。一人もいなかったのだ（当時、都議会の自民党は分裂しており、もう一方の会派は多数が出迎えた）。自民党は知事選で元国連事務次長・明石康《あかしやすし》を推したが、石原に惨敗。それに対する憂さ晴らしである。

小池都知事が挨拶回りをした際も、都議会自民党が無礼な態度をとったのは周知の通り。控室にいたのはたったの二人、それも「たまたまいただけ」（総務会長の高橋信博《たかはしのぶひろ》都議）と公言する非常識さ。あの対応は老若男女を呆れさせ、「小池劇場」を盛り上げた。

「最年少」といっても三十代後半、上は八十近い老人までいる「政策集団」・都議会自民党。

そんな「大人」の集まりが――何が自分たちのプラスになるかマイナスになるかもわからずに――、小学生のイジメまがいの嫌がらせをして悦に入る。こんな連中が「改革」だの「二元代表制」だのわめいたところで聞く気もしないが、しかしその常識知らずの体質は、石原都政の初期から変わらぬ伝統的なものだったのである。

同年五月、石原都知事が初めて臨んだ議会の際は、主として都議会自民党からヤジの嵐が放たれる。

芥川賞作家が

「国家のために信ずる道を……」

と切り出すと、

「(国政でなく)都政だ、都政!」

と、あげ足とり。

さらには

「小説を書くようにはいかねェんだよ!」

「芥川賞になるような挨拶をしてくれよ!」

などという当てこすりの如き罵声も飛んだ。いくら自分たちが読み書き不得意だからといって、嫉妬含みのヤジとは見苦しい。「政治のプロ」を自任するならヤジの方も建設的に、と言いたいが、さすがにそれは無理な相談か。なにしろ都民の代表を無視するという、最低限の常識にすら欠けるチルドレン、いやベイビーズなのだから。

傑作なのは、石原が『文芸春秋』（平成十一年七月号）に寄せた論文に対し、ベイビーズが牙を剥いてきたことだ。

芥川賞作家は同論文の中で、

「都議の肩書の一つに『監査』というものがあるが、帳簿を見たことがない人間たちに（都財政に対する）突っ込んだ監査の能力があるはずがない」

と記述。たいていの都議はこの通り監査の能力など無いわけだから、ごく当たり前の内容だ。とりたてて問題にすべき記述とは思われない。

が、プライドだけは人一倍高い都議連は、この論文に逆上。同年七月の都議会で、自民党の比留間敏夫が
「議員から選任された監査委員は、知事が議会に提案し、その同意に基づく委員であり、議員を侮べつしながら選任の同意を求めるようなことがあってはなりません」

などと噛みついたのだ。

その際議場は
「弁明しろ！」

「監査委員は辞めちゃえ！」

と怒号が飛び交い、石原が

「後で勉強しましたら、財政や会計についての専門性については問わないと。とにかく議員から選任される監査委員については、専門性が求められているわけではなくて、住民の代表として、執行機関と対等な立場からチェック機能を果たすことが求められていると知らされまして、認識を新たにしました」

と答えても、

「知らないことをベラベラしゃべっちゃダメだぞ！」

などというヤジが飛んだ。

しかしこのやりとりをよく見ると、反発した比留間も

「都議に監査能力がある」

とは言っていない。建前論を振りかざし、仕組み・手続きの部分で「反論」しているだけである。

石原の方も、

「後で勉強しましたら」

「専門性が求められているわけではなくて」

と述べるなど、「監査能力無し」との主張は撤回していない。オリンピック等々、都がからんだ工事というのはどんどん予算が膨張するのが常だが、その原因は都議の利権漁りに加え、議会の監査能力欠如もあるといえそうだ。

以上のように、石原都政の出帆当初は嫌がらせを繰り返した都議会自民党――。しかし、一期目の後半になると、俄かに態度を変えてくる。平成十三年夏の都議選を前に、石原人気にすがる必要が出てきたからだ。

当時の森喜朗内閣は、支持率が低迷し、都議選への悪影響が危惧されていた。前述の通り、都議会自民党の面々は、ハチマキ姿で党大会に参上。自分たちの腐敗ぶりは棚に上げ、選挙向けのパフォーマンス――効果のほどは不明だが――を展開した。

一方で、これまで意地悪していた芥川賞作家へ恥も外聞もなくすり寄りを開始。

「知事とともに身を挺して歩む」

などと媚び、ポスターに石原の写真を載せる都議が続出したのである。森に代わって新総裁に就いた小泉純一郎の人気も相俟って、自民党は都議選で大勝する運びとなった。

その後も都議会自民党は、途中、先の「やらせ質問」などの事態もあったが、基本的には石原との協調路線を選択する。小池相手に分が悪いと見るや、嫌がらせから〝抱きつき作戦〟へと転じた今の都議会自民党と似た「戦法」だ。

「猪瀬から電話がかかってきたけど出ねえよ」ドン内田

ところが平成十九年、石原・都議会自民党の関係は、再び緊張状態を迎える。『ミカドの肖像』などで知られる作家・猪瀬直樹の登場が、そのきっかけであった。

猪瀬は「行動する作家」である。小泉政権下では道路公団民営化委員に就任。民営化への道を付け、一作家にとどまらない活躍を見せていた。

作家都知事はこの後輩に着目し、副知事就任を要請する。猪瀬がこれを引き受けたことで、文人二人が首都の顔に――とはすんなりいかなかった。都議会自民党から「猛反対」コールが発生したのである。

猪瀬は反発理由を次の通り述べている。

「副知事は通常、役人の最終ポストと思われていて外部の人材の前例が少ない。僕の場合、さらに道路公団民営化委員として既得権益に斬り込んだ実績が警戒された」(『東京の敵』)

以上の記述は図星だろう。前出の『選択』(平成二十四年十二月号)も、

「都連側は道路公団批判などをしてきた猪瀬氏に、利権に踏み込まれては困るのだ」

と書いている。

が、私見では、加えて副知事候補に対する都議連のコンプレックスもあったと思える。都議は概して「活字」に弱く、知的レベルが滅法低い。「現場主義」と称して雑談や飲み会、集票活動ばかりに勤しみ、頭の中は噂話で一杯だ。そこに「教養」が入り込む余地は無い。入れようともしていない。

議会の代表質問等は、役人たちに手伝わせ、あるいは丸投げし、わからないなりに何とかこなす。が、一対一で、抜き打ちで質問されたら初歩的な知識すら答えられない。そういう

者が実に多い。

名著といわれる『ミカドの肖像』だって読む気もしないし実際読まない。あんなの書く奴は生意気だ。実際、どこかふてぶてしい。石原だって気に食わないのにもう一人来たら面倒だ。

……プライドだけは富士山より高い都議連は、自分たちが逆立ちしても書けない作品を著した男に、劣等感に基づく敵意を抱いたのではないだろうか。

結局、猪瀬は副知事に就いたが、

「ラインの仕事は渡さない」

との条件が付けられた。

ラインとは、副知事が担当する部局のことだ。それを渡さないということは、「都の内政には触れさせない」との意味だった。いわばお飾りも同然である。

だが、猪瀬も一筋縄ではいかない男だ。副知事の職務に
「知事の特命事項」

とあるのに目を付け、独自のプロジェクトを進めていった。

参議院議員宿舎の建設中止もその一つだ。

新参院宿舎は紀尾井町に建てられる予定であった。森を潰して宿舎を建設する計画である。

新副知事は

「森を潰して参院宿舎を建てる必要はない」

と知事を説得。石原も現地視察のうえ「建設反対」へと舵を切り、計画はお蔵入りとなった。

ところがこれにドンが怒った。建設予定地の紀尾井町は、内田茂の地元・千代田区だったからだ。本拠地に手を突っ込まれた形のドンは、これ以後猪瀬に怨嗟の念を抱き始めるのである。

平成二十四年十月、石原が辞意を表明し、猪瀬が後継として出馬する。ここでドンは意趣返しに出た。他に推すべき候補がいなかったにもかかわらず、自民党都連は猪瀬に「推薦」を出さなかったのだ。副知事が都連に送ったポスターも、そっくり送り返されてきた。無論、落選中ながら幹事長ポストに居座っていた、内田茂の差し金である。

しかし、ここが「所詮は一地方議会限定のドン」たる所以なのだが——内田がいくら邪魔したところで、選挙結果に何の影響も無かったのだ。平成二十四年十二月の都知事選において、猪瀬は約四百三十四万票という、あらゆる選挙を通じて史上最多の得票数で当選したのである。

本物のドンなら敵に大勝などさせまいし、何より落選などしない。だから再三、この「前頭」程度の男を「横綱」へと祭り上げた「序の口」「序二段」らの責任を問うているのだ。真に狡猾なのは内田にへつらいお先棒を担いできた太鼓持ちたちである。

内田の「ドン」ぶりは選挙後も発揮される。新都知事が仁義を切ろうと電話をしても、
「猪瀬から電話かかってきたけど、出ねぇよ」（『週刊文春』平成二十八年八月四日号）
といって無視したのだ。

私的な関係なら問題ない。嫌いな相手や面倒な相手を避けるのも自由だ。プライベートの交友なら。

だが、猪瀬と内田の関係は、仕事上の関係だ。片や都知事に就任し、片やノーバッジとはいえ大政党・自民党都連の幹事長。しかも、猪瀬が待つ都議会への復帰を試みている。

それなのに、電話に出ない。しかもその常識はずれの対応を、武勇伝を語るが如く自慢げに吹聴する——。

これが、まともな大人のやることだろうか。虫が好かないからといって、取引先の電話に出ない社会人がいるだろうか。もし居ても、そんな男が社内で出世できるだろうか。後輩たちから尊敬されるだろうか。

当時、内田は御年七十三歳。年齢的には大人どころか老人だ。されどその行いは小学生並み。「ドン」を真似て挨拶を無視したり、写真撮影を拒否したりする連中は幼稚園児か。馬鹿げた嫌がらせをして小池人気を上げてしまったのも滑稽だ。

「役人も国会議員も内田を頼りにしている」との見方がある。が、実態は、〝お山の大将〟と見下しながら利用しているだけだろう。「政治のプロ」集団・都議会自民党一座によるお

遊戯会以下の愚行を眺め、役人らも内心では呆れ返っているに違いない。

「人間としておかしいって言ってんだよ！」

「都議会の恥だよ！」

こののち猪瀬が都議会で責め立てられた際、都議会自民党の高木啓《たかぎけい》が放ったヤジだ。だが、肝心の選挙や政局の節目では負け続きのくせに、集団で嫌がらせをしたり、無視したり、デマを流したり、分が悪いと媚びる方が、よほど人間としておかしいし、都議会の恥だろう。

相手を攻撃したつもりが自分に跳ね返ってくる「ブーメラン」といえば、民進党の十八番だ。しかし都議会自民党も、本家本元に劣らずブーメランがお上手なのである。

ちなみに現在、都議会自民党の「大幹事長」であられる高木は、政務活動費を銀座のクラブで使っていたことが発覚している。

『週刊文春』（平成二十八年十月十三日号）によれば、ホステスから
「啓ちゃん」

と呼ばれているそうな。

高木センセイの方も、

「頭のいい娘をつけてくれ」

などと注文を付けているらしい。筆者が幹事長代行から聞いた話では、高木は自分が「インテリ」だと自負していらっしゃるそうだから、お付きの女性にも「知性」を求めたという

ところだろうか。「都議会自民党きってのインテリ」といわれても、あまり凄いと思えないのだが……。

ともあれ、酒席での行状をバラされるとはご愁傷さまだが、この〝公私混同都議〟が幹事長へと「出世」したのは、前出の猪瀬に対するヤジが内田に評価されたためだという。都議会自民党なる「プロ」集団は、嫌がらせの能力と、ブーメランの技術とが、評価基準であるようだ。


さて、猪瀬と内田の戦いは、新都政のスタート直後、いきなりヤマ場を迎えた。

平成二十五年二月、第一章でも触れた、千代田区長選挙が実施されたのである。

四選を狙う現職・石川雅己と内田との関係は、この頃すでに悪化していた。そのためドンは副区長を擁立し、本拠地の首長を奪取しようと図ったのである。

しかしながら、やはり、「ドン」だった——内田はここでも敗北し、自身の選挙、猪瀬の都知事選、そして地元の区長選と、〝三連敗〟を喫したのである。

対する新都知事は石川を応援し、自身の選挙に続き「ドン」に連勝する形となった。

さらに猪瀬は同年九月、東京五輪の招致に成功。六月の都議選で、再びバッジを付けた「ドン」とのせせこましい争いなど眼中になくなったかに見えた。

だが好事魔多しである。

同年十一月、猪瀬が都知事選出馬時に医療グループ「徳洲会」から五千万円を借りていたことが発覚したのだ。

猪瀬は問題の金を使わずに返却。法的な問題は収支報告書の記載漏れだけだった。けれども、猪瀬が公表した借用書が大雑把なものだったこと、都議会総務委員会で疑惑を追及された際、五千万円の札束に擬した発泡スチロールが鞄に入らなかったこと――以上二点は、世論の不信を招くに十分だった。

内田を先頭にした都議会自民党はここぞとばかりに猪瀬を追い込み、都議会公明党も例の発泡スチロールを「少しだけ大きめ」(『誰が「都政」を殺したか?』)に作るなどしてこれに加担。都議会あげての〝猪瀬バッシング〟が始まった。

メディアアナリストの上杉隆《うえすぎたかし》氏は、総攻撃の背景を「(猪瀬は)オリンピック利権を狙う勢力の標的になった」(同上)と解く。五輪費用を膨張させて、利権の増大を謀る一味にとって、「コンパクト五輪」を標榜する猪瀬は邪魔者だったというのだ。

第一章で登場した都政関係者も次のように話す。

「オリンピックといっても、裏ではみんな利権を狙っている」

戦前における東京五輪招致でも、東京市議の利権狙いが露骨であったと前述した(『文芸春秋』昭和十年六月号)。大プロジェクトたる五輪には、いつの時代も利権屋たちが群がるのである。

うかつなミスを利権屋たちに付け込まれ——結局、新都知事はわずか一年で辞職するに至った。

ただ、猪瀬のワキの甘さは責められるべきだが、「収支報告書の記載漏れ」を問題にするなら内田の「ビール券買収」も問題にしないと不公平だ。都知事選がらみの事件では、他にも田母神俊雄の件がある。平成二十六年都知事選において、同派が「運動員買収」を行ったとするものだ。これも田母神陣営ばかりでなく、自民党都議を含む多くの選対で行われている行為ではないのか。

また、筆者は国会議員の秘書時代、Bという女性都議の事務所が
「当選御礼」

と掲示しているのを見たことがある。これも違法行為である。が、その都議がお縄になることはついぞなかった。

証拠の有無、規模の大小、悪質性云々あるのかもしれないが——超ド級とおぼしき五輪利権を含め、あらゆる不正に斬り込む徹底捜査を期待するのは筆者だけではないだろう。

石原、猪瀬、舛添が突破できなかった伏魔殿

平成二十六年二月、猪瀬の辞任を受け都知事選が実施された。

都議会を仕切る自民・公明両党は、元厚生労働大臣の舛添要一を擁立。小泉元首相が推す同じく元首相・細川護熙、自衛隊幹部だった田母神俊雄、弁護士・宇都宮健児らも名乗りを上げたが、舛添当選という順当な結果に終わった。

前任者の轍を踏むまいとしたのか、新都知事は都議会との協調路線を選んだ。そのため目立った話題は五輪くらいしか無く、都議とのバトルなどは起こらなかった。

ところが、舛添都政のスタートから二年が過ぎた平成二十八年春――『週刊文春』、『赤旗』などが舛添の「公私混同疑惑」を報道。都政は一気に混乱した。

事実、舛添の公私混同ぶりは凄まじかった。以下に箇条書きで並べてみよう。

・公用車で別荘通い
・政治資金で温泉・ホテルに宿泊
・政治資金で趣味の美術品を購入
・政治資金で乗用車を購入
・政治資金で漫画を購入

……その他いくつもの公私混同が発覚し、一回につき平均二千六百万円を超す豪華外遊も問題となった。

湧き上がる世論の反発は、舛添が「厳しい第三者の目で見てもらう」などと繰り返したことで、ますます沸騰。都庁に苦情電話が殺到し、職員が「仕事にならない」と嘆くほどの騒ぎとなった。

だが舛添は、猪瀬と異なり議会と協調する路線を歩んでいた。そのため都議会自民党の追及は甘く、ドンも疑惑の都知事をかばう姿勢を見せた。楯突く猪瀬には厳しいが、従順な舛添には優しいのだ。「辞任は避けられないものの、八月のリオ五輪後に引き延ばす」といった話も流れた。

しかし、世論の矛先は、公私混同知事を守る都議会自民党にも向けられる。「なぜ舛添をかばうのか」と都連や議員控室に抗議電話が殺到。間近に控えた参院選に、悪影響を及ぼしかねない風向きとなった。

国会であれ地方であれ、議員なるものは世論に弱い。都議会自民党も舛添を見放さざるを得なくなり、疑惑発覚から約三か月が過ぎた平成二十八年六月、内田は舛添に辞任を迫った。居座りを図っていた舛添も、後ろ盾を失い観念し、ようやく身を引くことを決意したのである。

猪瀬に続き舛添も、カネでつまづき都知事の椅子を棒に振った。そして小池の登場となるのだが、看過できない点もある。

それは、「公私混同知事」だけでなく、「公私混同都議」もいるということだ。

たしかに舛添の政治資金私的流用は醜いし、件数も多い。海外紙に「ｓｅｋｏｉ」と書かれてしまうのも仕方がない。

だが、都議会議員にも、政治資金を銀座で使っていた者がいるではないか。歌舞伎町のライブバーで使っていた者がいるではないか。集票活動に政治資金をつぎ込む者に至っては、挙げていくのが面倒なくらい山ほどいる。何度も触れた内田のビール券の件もある。舛添が辞めるなら、彼らもバッジを外すべきではないのか。

豪華外遊にしてもそうだ。舛添の大名旅行は批判されて当然だと思う。だが、時期が時期だけに中止となったが、都議連だって「リオ五輪一億円視察」を計画していたではないか。本書で再三述べたように、大昔から血税旅行を満喫しているではないか。

都議連の方は居直り、取材拒否、ウヤムヤ狙いを決め込んで、舛添だけがクビをとられる――これは明らかに不公平である。

舛添は「違法でないのになぜ辞める必要があるのか」と思っていたという（『東京都政の真実』）。ある意味では当然だ。

同じく「不適切な支出」を連発している都議連は、収支報告書の訂正・削除でお茶を濁し、のうのうと議員生活を謳歌しているのだから。

東京都の一般会計は約七兆円。特別会計を加えると、スウェーデンの国家予算に匹敵する十三兆円にも及ぶ（為替レートによって変動あり）。人口も一千三百万人を超す。我が国の首都東京は、一つの国家ともいえる巨大な都市なのだ。

この「大東京」を司る都知事は、首相に次ぐ「日本ナンバー2」というべき存在だ。その動向は常に注目の的である。だから猪瀬や舛添が、必要以上に叩かれたことはやむを得ないとしよう。

しかし、間違いなく彼ら以上に——違法、不正、不適切な行為を行っている注目度の低い面々が、首都の底辺で蠢いているのだ。そういう連中がお咎めなしでいることに、やるせない思いを禁じ得ないのである。

都議会の話題から、地方議員のスキャンダルへと話を戻そう。

新元号の前半期と同様に、政権交代が繰り返された平成二十年代——。

やはり、地方議員の不祥事が続出した。

明治、大正、昭和、平成……時代は移ろい、春夏秋冬が過ぎ、朝昼晩を経ようとも——全く変わらなかったのだ。地方議員なるものは。

まず平成二十年、ニューヨークを視察した自民・公明都議団、ブラジルを視察した民主都議団が、それぞれ報告書を盗用していたことが発覚。

翌平成二十一年には、目黒区議が調査費を使って愛人と旅行したと報じられた。旅先でのツーショット写真まで残っているが、同区議によると「報道は対立派による妨害行為」だそうだ。

そして平成二十六年、地方議員のスキャンダルが立て続けに明らかになる。

六月、鈴木章浩《すずきあきひろ》都議が独身女性都議に「早く結婚した方がいいんじゃないか」とセクハラとも受け取られるヤジを飛ばす。

鈴木は謝罪に追い込まれたが、他にもヤジを放った都議が複数確認されている。一人をスケープゴートにして、残りはほとぼりが冷めるのを待つという、都議会流の「問題解決策」である。

この頃都知事は石原慎太郎から猪瀬直樹へ、その後舛添要一へと代わっていたが、都議会は十年一日の如く変わらなかったのだ。

次いで七月、野々村竜太郎《ののむらりゅうたろう》兵庫県議が政務活動費を不正支出していたことが発覚。三百回以上・約八百万円に達するカラ出張、約二百五十万円に及ぶ切手代……その他諸々の不明朗な出費が、全て税金から賄われたのである。

記者会見で号泣するなど奇行を見せ、「号泣県議」と称された野々村は、「西宮維新の会」を名乗ったために当選できたという。橋下徹の方の、あの「維新」と混同されたわけである。本人の資質のみならず、選ぶ側の無責任さと政活費制度の欠陥が、あの号泣会見の背景にあるのだ。

「西宮維新の会」の県議が泣き喚いた直後――「奈良維新の会」公認の松下幸治《まつしたこうじ》奈良市議が、契約違反をやらかした。居住用限定で契約したにもかかわらず、自宅を政治団体事務所として届け出ていたのである。

松下は奈良市議になる以前、あちこちの選挙に出馬し落選。毎度奇怪な「政策」を掲げ、平成十一年の大阪市長選では

「首都大阪　現市長を助役に指名　政策は他をごらんください」

などという手書きの公報を発表して市民の度肝を抜いた。

そんな御仁が「維新」の二文字で当選してしまったわけだが、松下は政活費から計上した事務所費を、「不正利用はない」として返還していない。この件もまた、ご当人の資質に加え有権者の無責任、居直りを許す政活費の制度的欠陥がもたらした不祥事である。

さらに八月、本家・維新の会の山本景《やまもとけい》大阪府議がSNS上で女子中学生を恫喝した事件が発覚。山本は「教育問題」に熱心だったそうで、他にも女子小中学生との様々な交流が明らかになっている。

これは税の私的流用とは無関係かもしれないが、本家も亜流も似たり寄ったりだとの疑念を抱かせた。

平成二十六年は、他にも山口市議の万引き&覚醒剤逮捕など、地方議員の不祥事が続出。メディアもこれらを大々的に報じたことで、地方議会の無為、腐敗が多くの人々の知るとこ

ろとなった。

しかし――何度目の逆接か「やはり」か、もう忘れてしまったけれど――地方のセンセイ方は変わらなかった。その後も恒例行事のように、地方議員の問題行為が頻出したのである。

あれだけ色々報道され、地方議会が白い目で見られても、しばらく猫をかぶってまた不祥事を繰り返す。それが、地方議員なのである。

キリが無いので目ぼしいところを箇条書きで並べよう。

・平成二十七年、神戸市議の「架空政務活動費」が発覚。
・同二十七年、相撲部出身の姫路市議が妊娠した不倫相手に中絶を迫ったうえ、ツッパリをかまし負傷させる。
・同二十七年、川崎市議七名がほぼ同じ内容の視察報告書（たった五百字程度！）を提出。視察費用は政務活動費で充当。
・同二十八年、茨城県鹿嶋市議が女子小学生を強姦して逮捕。
・同二十八年、神奈川県葉山町議が覚醒剤使用で逮捕。
・同二十八年、政務活動費の不正で富山県市議十二名が辞職。同議会は報酬を月六十万円から七十万円へ上げる条例を可決していたが、事態を受け撤回。その過程で市議が女性記者の取材メモを強奪する事件も発生した。
・同二十九年、栃木県小山市議会副議長が、セクハラ行為で七度目の辞職勧告。
……繰り返すが、世間の耳目を集めたセクハラヤジや号泣会見の後に、これらの事件は起きているのだ。もう、救いようがないではないか。

しかも〝本業〟たる議会の方も、第二章で紹介した如き学級会以下の体たらく。そんな連中が——法外な報酬と、高額な政務活動費と、実費を大幅に上回る交通費とをせしめているのである。我々の税金から。

本書でしつこく述べた通り、地方議員は劣化していない。

大昔から一貫して低劣なのだ。百年以上も堕落していたセンセイ方が、今更心を入れ替えるとは思えない。

改心などという夢物語に期待するより、彼らにかかる経費を少しでも減らし、税の浪費を食い止めることが肝要だ。地方議会を廃止するに越したことはないが、それが無理ならせめて定数削減、無報酬・日当制の導入を実現すべきだろう。

都民よ、監視の目を光らせろ!

最後に、最も待遇の良い、都議会議員のその後の報酬の推移を記しておこう（全て月額）。

平成九年四月、行財政改革の一環として百二万六千円へと下がった報酬は、同十五年三月、再び百六万円へと増額。平成十八年四月に百三万円へと下がった。

平成二十二年以降は毎年数千円規模で改定されており、同二十八年四月、百二万二千円に定められた。これが現在の都議報酬の額である。

あらためて、整理してみよう。

月額百二万円超の報酬に加え、五百万円近いボーナス、さらには七百二十万円の政務活動費、数十万円の費用弁償……過去から今まで腐敗と共に歩んできた都議連は、睡魔と戦い膝の屈伸運動に勤しむだけで、約二千五百万円もの税金をほしいままにしているのだ。議会は年に百～二百時間程度しかないのに、だ。これ以上の税の無駄遣いがあるだろうか。

小池都知事は「東京大改革」「都民ファースト」を掲げている。その柱は都政の「見える化」であるという。確かにそれは重要な切り口だ。

現に築地移転や五輪など、様々な問題で

「どこで誰が決めたのか」

「なぜ金額が膨らんだのか」

との声が上がっている。おそらくは都議が絡んでいる〝ブラックボックス〟の開錠は、多くの都民が期待するところであろう。

しかし、「見える化」だけでは不十分だ。究極の無駄たる都議報酬の激減を、何とか実現しなければ。

既述の通り、報酬を決めるのは議会である。首長の一存では決められない。簡単に減らせるものではない。

とはいえ、小池は自身の知事給与を半減させ、都議報酬削減に向け布石を打った。おかげで一議員の報酬が、首長のそれを上回るといういびつな形となったのだ。

外堀を埋められた都議連は、都議選を前にどういう対応に出るか。いつもの先送りで済ませるか、あるいは少しだけ下げてお茶を濁すか。仮に下げてもしばらく経ってまた上げる可能性もあろうから、監視の目を光らせ続けることが必要だ。

ともあれ、まずは報酬削減を実現し、続いて定数削減、無報酬・日当制導入までこぎつける。さらには都議会の利権、不正行為を徹底的に炙り出す——これこそ真の「東京大改革」「都民ファースト」の姿だと、筆者は信じて疑わない。


平成二十九年二月二十二日、都議会は議員報酬の二割削減や、政務活動費の減額、費用弁償の廃止を盛り込んだ条例を全会一致で可決。

これにより、議員報酬は月額約八十二万円、政活費は月五十万円へと節減され、都議の年収は約二千万円へと減少した。

来たる都議選を前に、小池の給与半減作戦が、一応は奏功した形である。

だが、マイナス五百万円では物足りない。まだまだ民間平均給与（四百二十万円）の約五倍だ。今回の削減を皮切りに、無報酬・日当制導入へ向け削減を進めていくことが望まれる。

しかも報酬に関しては、今年四月から来年三月までの特例で、「その後の金額は、来年の第一回定例会で決めることになる」（都議会事務局）。

都議会への注目度が下がった頃、再び増額する恐れも十二分にあろうから、都民のみなさん、今後も監視を怠らないことが大切です。

主要参考文献

『日本政党史論全七巻』升味準之輔（東京大学出版会）
『日本政治史全四巻』升味準之輔（東京大学出版会）
『日本の歴史第二十巻　維新の構想と展開』鈴木淳（講談社）
『昭和二万日の全記録全十九巻』講談社編（講談社）
『自民党元職員の回想談』中丸到生（非売品）
『近代政治家評伝』阿部眞之助（文芸春秋新社）
『理解しやすい政治・経済』松本保美編（文英堂）
『地方制度小史』亀卦川浩（勁草書房）
『東京市政』源川真希（日本経済評論社）
『星亨』有泉貞夫（朝日新聞社）
『石原慎太郎の東京大改革』東京新聞社会部「ウオッチング石原」取材班（青春出版社）
『石原慎太郎と都知事の椅子』神一行（角川文庫）
『東京都知事』日比野登編（日本経済評論社）
『都知事とは何か』内藤國夫（草思社）
『都知事12年』美濃部亮吉（朝日新聞社）
『東京の敵』猪瀬直樹（角川新書）
『都政大改革』野田数（扶桑社新書）
『誰も書けなかった東京都政の真実』鈴木哲夫（イースト・プレス）
『誰が「都政」を殺したか』上杉隆（SBクリエイティブ）
『地方議員』佐々木信夫（PHP新書）
『地方議員の逆襲』佐々木信夫（講談社現代新書）
『トンデモ地方議員の問題』相川俊英（ディスカヴァー携書）
『この国は議員にいくら使うのか』河村たかし（角川SSC新書）
『革新自治体』岡田一郎（中公新書）
『八方破れ・私の社会主義』高橋正雄（TBSブリタニカ）
『朝日新聞の中国侵略』山本武利（文芸春秋）

※他に「中央公論」「文芸春秋」「現代」「テーミス」「潮」「都政研究」「真相」「財界展望」「実業界」「近代中小企業」「週刊文春」「週刊新潮」「週刊現代」「週刊ポスト」「週刊朝日」「週刊読売」「週刊金曜日」「フライデー」「フォーカス」「アサヒ芸能」「週刊SPA!」「読売新聞」「朝日新聞」「毎日新聞」「産経新聞」「日本経済新聞」「東京新聞」等の記事や、菅原琢氏のブログも参照しました。また、取材を受けてくださった方々に、厚く御礼申し上げます。

〈カバー写真〉
右：石原慎太郎元都知事
中：都議会のドン 内田茂
左：小池百合子都知事

写真提供：共同通信イメージズ

栗原直樹　くりはら なおき

昭和五十年東京都生まれ。中央大学経済学部国際経済学科卒業。元衆議院議員公設第一秘書。秘書時代は主として地元選挙区を担当し、会合出席、集会の動員、旅行の見送りなどに奔走。知事選等の地方選にも従事した。

著書に『田中角栄の青春』や『田中角栄　池田勇人　かく戦えり』『日本共産党大研究』（小社刊）がある。

都議会、地方議会
伏魔殿を斬る！

発行日　2017年4月23日　第1刷発行

著　者　栗原直樹
編集人
発行人　阿蘇品蔵
発行所　株式会社青志社
〒107-0052 東京都港区赤坂6-2-14 レオ赤坂ビル4F
（編集・営業）Tel：03-5574-8511　Fax：03-5574-8512
http://www.seishisha.co.jp/

印　刷
製　本　慶昌堂印刷株式会社

ISBN 978-4-86590-042-2 C0095